오 강 현 의
고 전 산 책

고전 속에
길이 있다

고전 속에 길이 있다

오강현의 고전 산책

수필과비평사

서문

 매주 1년 동안 지역 신문에 연재를 하였다. 고전 텍스트를 대중에게 알려 함께 읽고 싶었다. 오늘을 살고 있는 우리가 당면한 개인적인 삶의 문제, 공동체의 복잡한 문제, 국가적인 문제, 인류의 문제 등등 그 해결책을 찾는다는 것은 참으로 쉽지 않다. 모든 인간은 한 번의 생을 연습 없이, 태어나 죽을 때까지 직선의 삶을 사는 것이다.

 그런데 삶을 살면서 좀 더 실수 없이, 좀 더 가치 있게 살고 싶어하고 다양한 갈등, 어려운 갈등을 어떻게 해결할까 그 고민의 답을 어떤 식이든 찾으려고 한다. 국어와 문학을 접하며 가장 정제된 텍스트 속에 그 진수가 담겨 있음을 알게 되었다. 특히 인간 정신의 가장 핵심인 진정성을 찾고자 하는 것은 쉽지 않은 길이지만 그럼에도 인간은 누구나 그 진성성을 말하고 찾으려고 한다. 다양한 방법론이 있겠지만 그것을 고전에서 찾고자 했다.

 마음의 온도는 몇 도일까. 때로는 추운 영하이기도 하고 뜨거운 영상이기도 하다. 우리 마음에는 뜨거운 사막에 살고 있는 낙타가 속에 들어 앉아 있기도 하고 추운 지방의 순록이 들어 있기도 하다. 차가운 손을 녹이기 위해 하하, 따뜻한 바람을 불면서 손을 녹여본 일이 있을 것이다. 뜨거운 차를 마시며 호호, 차가운 바람을 불면서 차를 식혀 마셔본 일이 있을 것이다. 즉 사람의 마음은 열정과 냉정이 모두 내재되어 있다. 어느 것을 선택하여 대상을 대하느냐에 따라 뜨거움도 차가운 마음도 된다. 즉 우리 삶은 스스로가 주체적으로 선택하는 것이다. 인생이란 누구나에게 똑 같이 주어진다. 고전이란 텍스트도 마찬가지이다. 이것을 어떻게 주체적으로 해석하고 활용하느냐는 자신에게 달려 있는 것이다.

  중고등학생 과정을 거치며 읽었던 고전이 시간이 지나 기성세대가 되어 첫사랑의 추억처럼 이 책을 통해 다시 한번 읽어본다면 그 느낌은 어떨까. 과거에 배웠던 생각도 스물스물 올라오겠지만 최초는 선생님의 강독으로 수동적인 이해와 해석에서 이제는 오늘을 살고 있는 삶으로 새로운 이해와 해석으로 읽어지길 희망하면서 이 글을 정리했다. 즉 지금과 동떨어진 박제된 과거의 이야기가 아닌 현재로 재해석되어 새로운 의미로 다가온다면 고전의 진수를 제대로 깨닫게 되는 것은 아닐까 한다.

이것은 하나의 샘플이다. 일상을 사는 이가 고전을 읽으며 어떻게 의미화하고 그것을 삶으로 반영하여 적용하며 사는지를 보여주는 하나의 사례이다. 삶을 살면서 관계한 정치, 경제, 환경, 교육, 예술, 사랑, 가족 등의 다양한 문제를 어떻게 접근하는지를 진솔하게 보여주는 고전텍스트가 포함되어 있는 54편의 에세이이다. 고전의 원전을 제시하고 쉬운 현대어로 해석을 달고 일상의 삶으로 접근하는 과정을 쓴 에세이이지만 이것을 읽으며 또 한 사람의 삶, 인생을 읽는 재미가 있을 것이다.

시를 쓰거나, 에세이를 쓰면서 늘 생각하는 것이 있다. 마지막 페이지를 마무리하면서 늘 하는 질문이 있다. 이 글을 왜, 누구를 위해 쓰고 남기는 것일까. 그 대상은 언제나 어린 사람들이다. 어느 순간 내가 필요해서 쓰다가도 결국 그 귀착점은 이 글을 읽기 바라는 대상에게 맞춰진다. 어린 자녀가 나이가 들어 읽어보면 좋지 않을까 이런 생각이 마지막 마침표를 찍는 퇴고의 과정까지 함께 했다.

오강현
김포시의회 의원
한국열린사이버대학교 자연숲치유산업학과 특임교수

추천의 글

  옛 선현들의 풍자諷刺와 해학諧謔으로 가득한 고전 시가古典 詩歌를 시대적 간극間隙을 뛰어넘어 현대적인 언어로 해석해 낸 오강현 시인의 뛰어난 시적 감성과 문학적 식견에 박수를 보냅니다. 특히 고시조 속 선현들의 시어詩語를 시 의회에 몸담고 있는 공복公僕으로서 정치 현장에서 느끼는 소회素懷 그리고 자연인으로서 겪는 일상의 다양한 경험들과 연결시켜 풀어내는 자기성찰적 접근과 교훈적인 재해석은 고전에 익숙하지 않은 현대인들에게 새로운 재미와 도전을 줄 수 있는 매우 의미 있는 시도라고 생각되어 높이 평가하고 싶습니다.

한기호 교수
연세대학교 교육대학원 교육경영학과, 시인

시대와 세대를 잇는 고전의 매력을 느낄 수 있는 '고전 속에 길이 있다'는 고전에 숨겨진 가치를 누구나 이해할 수 있도록 풀어낸 따뜻한 안내서입니다. 오강현 의원의 고전 해석은 삶의 방향성을 고민하는 이들에게 등불 같은 역할을 할 것입니다. 정치와 철학, 그리고 삶을 아우르는 이 책은 시대를 초월한 지혜를 전해줍니다.

한한국 작가
세계평화 작가, 연변대학교 석좌교수
(사)한국기록진흥원 원장

추천의 글

　이 책의 두드러진 매력은 저자가 작품 곳곳에 녹여낸 깊은 고민과 성찰에서 비롯된다. 성삼문과 정몽주의 시를 통해 신념과 지조의 숭고한 가치를 역설하며, 정치가 사익 추구가 아닌 공동체 번영을 위한 헌신임을 일깨우는 혜안을 제시한다. 특히, 고전 시가에 담긴 애틋한 심상과 저자의 진솔한 경험을 섬세하게 직조하여 부모의 따뜻한 사랑과 부모를 잃은 아이의 깊은 슬픔과 상처를 동시에 그려낸다. 이는 정치인으로서 국민과 시민을 홀로 남겨두고 눈물짓게 하는 일이 없도록, 그들의 삶을 따뜻하게 보듬고자 하는 저자의 간절한 마음, 즉 정치적 생명력의 근원을 보여주는 대목이라 할 수 있다.

　또한 이 책은 단순히 고전을 해설하는 데 머무르지 않고, 현대 사회를 살아가는 이들에게 시대를 관통하는 중요한 통찰을 건넨다는 점이 주목할 만하다. 저자의 심오한 철학과 삶에 대한 뜨거운 열정은 독자들에게 시간을 초월하는 깊은 교훈을 전달하며, 개인과 사회가 함께 나아가야 할 방향에 대해 진지하게 숙고하도록 이끈다. 고전을 사랑하는 이들은 물론, 자기 삶의 진정한 주인이 되기를 갈망하는 모든 이들에게 이 책은 어둠을 밝히는 등불과 같은 훌륭한 지침이 될 것이라 확신한다.

박중희 교수
연세대학교 심리학과 겸임교수
㈜자유자재교육 대표

추천의 글

   그 어느 때보다 아프고 시린 동짓달 기나긴 밤에, 아랫목 이불 아래 서리서리 넣어두었던 봄날의 온기를 꺼내 굽이굽이 펼쳐 전하는 위로를 읽는다. 고전은 언제나 현재의 시제, 일상의 언어로 읽어야 한다. 이 책은 54갈래의 시노래[時調] '길'을 통해 우리가 상실한 일상日常으로 안내한다. 삶의 체온을 유지하는 것이 거대한 담론이 아니라 '작은 것이 높이 떠서' 밤새 우리의 안녕을 지켜주는 '달'과 눈 속에서도 피어나겠다는 약속[눈 기약]을 지켜내는 '매화'의 마음임을, 다정어多情語와 다감어多感語) 건네는 작가의 따뜻한 손을 읽는다.

김수연 교수
서울여자대학교 국어국문학과

삶의 치열한 현장에서 쉼 없이 달려온 의원의 정무와 책임을 넘어서, 글과 책에 대한 사랑을 고스란히 담아낸 한 권의 보물이 탄생했습니다. 이 책은 자연과 삶의 이치를 깊이 꿰뚫으며, 마치 오래 숙성된 동치미처럼 깊은 맛을 전합니다. 특히, 오늘을 살아가는 젊은이들에게 필요한 쉼과 지혜를 선사하며, 끝없는 배움의 여정을 감동적으로 그려냅니다. 삶의 순간을 온전히 살아내고자 하는 이들에게, 이 책은 단순한 읽을거리를 넘어 지혜와 사색의 길잡이가 될 것입니다.

백정애 교수
한국열린사이버대학교 자연숲치유산업학과 학과장

오강현의 고전산책
고전 속에 길이 있다
차례

서문

추천의 글

1 천만리 머나먼 길에

동짓달 기나긴 밤을　황진이 시조	_ 21
잔 들고 혼자 앉아　윤선도 시조	_ 24
춘산에 눈 녹인 바람　우탁 시조	_ 28
반중 조홍감이　박인로 시조	_ 30
차라리 잠을 들어　허난설헌 가사	_ 32
구름이 무심탄 말이　이존오 시조	_ 37
청산은 어찌하여　이황 시조	_ 39
어리고 성긴 매화　안민영 시조	_ 42
무상한 이 몸이　박인로 가사	_ 44
이몸이 죽어죽어　정몽주 시조	_ 48
삼동에 베옷 입고　조식 시조	_ 50
천만리 머나먼 길에　왕방연 시조	_ 52
여산 진면목이　정철 가사	_ 54

2

뿌리 깊은 나무는

수양산 바라보며	성삼문 시조	_ 61
강산 좋은 경을	김천택 시조	_ 64
가마귀 검다하고	이직 시조	_ 67
서울의 밝은 달에	처용 향가	_ 70
백설이 자자진 골에	이색 시조	_ 74
묏버들 골라 꺾어	홍랑 시조	_ 77
뫼는 길고길고	윤선도 시조	_ 80
논밭 갈아 김매고	작자미상 시조	_ 83
뿌리 깊은 나무는	공동작, 악장	_ 86
발가벗은 아해들이	작자미상 시조	_ 89
나모도 바윗돌도	작자미상 시조	_ 92
십년을 경영하여	송순 시조	_ 96
오백년 도읍지를	길재 시조	_ 99

오강현의 고전산책
고전 속에 길이 있다

3. 있으렴 부디

답설야중거 _ 서산대사 한시	_ 105
말없는 청산이오 _ 성혼 시조	_ 109
귀뚜라미 저 귀뚜라미 _ 작자미상 시조	_ 112
있으렴 부디 _ 성종 시조	_ 115
댁들에 동난지이 _ 작자미상 시조	_ 118
이몸이 죽어 가서 _ 성삼문 시조	_ 121
당시에 버려두고 _ 이황 시조	_ 124
어디로 던지려던 _ 작자미상 고려가요	_ 127
작은 것이 높이 떠서 _ 윤선도 시조	_ 130
오동에 떨어지는 빗발 _ 김상용 시조	_ 134
서방님 병들어 _ 작자미상 시조	_ 138
임이 생각하시매 _ 송시열 시조	_ 141
가을 바람에 _ 최치원 한시	_ 144
님이 오마 하거늘 _ 작자미상 시조	_ 147

4

지당에
비 뿌리고

구름 빛이 깨끗하나 _ 윤선도 시조 _ 153
추강에 밤이 드니 _ 월산대군 시조 _ 156
한숨아 세한숨아 _ 작자미상 시조 _ 159
대추 볼 붉은 _ 황희 시조 _ 162
가다가 가다가 _ 작자미상 고려가요 _ 165
한 눈 멀고 한 다리 저는 _ 작자미상 시조 _ 168
청산리 벽계수야 _ 황진이 시조 _ 171
눈맞아 휘어진 _ 원천석 시조 _ 174
시어머님 며느리 _ 작자미상 시조 _ 177
어버이 살아계실 _ 정철 시조 _ 180
이화우 흩날리던 _ 계낭 시조 _ 183
군은 아버지요 _ 충담사 향가 _ 186
십년을 갈아온 칼이 _ 이순신 시조 _ 190
지당에 비 뿌리고 _ 조헌 시조 _ 194

1
천만리 머나먼 길에

● 동지冬至ㅅ달 기나긴 밤을 한 허리를 버혀 내여
춘풍春風 니불 아레 서리서리 너헛다가
어론님 오신 날 밤이여든 구뷔구뷔 펴리라

동짓달 긴긴 밤의 한 가운데를 베어 내어
봄바람처럼 따뜻한 이불 속에다 서리서리 넣어 두었다가
정든 님이 오신 밤이면 굽이굽이 펼쳐 내어
그 밤이 오래오래 새도록 이으리라

— 조선의 명기 황진이의 시조

임을 기다리는 절실한 그리움, 간절한 기다림을 비유와 음성상징 심상에 의해 표현한 시적 호소력이 강한 작품이다. 추상적인 시간을 구체적인 사물로 형상화하여 임에 대한 애틋한 그리움과 사랑을 절실히 환기시킨다. 시간이나 애정의 정서를 참신한 표현 기법으로 형상화하여, 여성 특유의 시詩 세계를 보여 주고 있다. '서리서리 너헛다가'와 '구뷔구뷔 펴리라'와 같은 대조적 묘미는 우리말이 아니면 도저히 살릴 수 없는 뛰어난 수법이다.

우리가 알고 있는 황진이는 일반적인 기생으로 알고 있다. 그런데 이 글을 깊이 있게 감상해 보면 좀 다르다. 철학적 사유가 깊은 기생으로 평가를 받기에 충분한 인물이다. 특히 이 글에서는 시간을 자유자재로 변주하는 통찰은 시간의 노예가 되어가는 우리에게 또 다른 메시지를 주고 있기에 더욱 그렇다.

현대를 살아가고 있는 우리는 늘 시간에 쫓기듯 살아가는 것이 현실이다. 부족한 잠을 자고 이른 아침에 일어나 촌각을 다투는 출근을 한다. 그리고 매일 쌓여 있는 일을 끝내고 서둘러 점심을 먹고 또 일에 몰두한다. 녹초가 되어 퇴근하면 쉴 틈 없이 하루 일과를 마치고 충분한 자기만의 쉼의 시간도 없이 그렇게 하루를 보낸다. 이런 일상의 반복으로 현대인들은 일주일과 한 달을 보내고 있지 않은가.

필자는 임기 4년 중에서 이제 3년 차 선출직 의원으로 의정활동을 하고 있다. 그 어느 때보다 시간이 금쪽같다. 황진이처럼 시의원이 아니었을 때의 시간을 잘라서 지금 의정 활동을 하는데 붙여 쓰고 싶은 심정이다. 하루 24시간이 턱없이 부족하다. 모든 것이 그렇겠지만 시간 또한 내가 주체적으로 어떻게 효율적으로 활용하여 쓸 것인가에 따라 시간의 노예로 사느냐 아니면 황진이처럼 긴 시간을 잘라 봄날 사랑하는 사람이 왔을 때, 그 짧은 봄밤을 더 길게 주체적으로 시간을 활용하느냐는 결국 내 생각과 의지에 따라 결정될 것이다.

  시간이란 무엇인가. 이 절대적일 추상의 개념에 종속되는 것이 아닌 나만의 시간을 자유자재로 활용할 수 있다면 그리고 나만의 시간 리듬이 있다면 당신은 당신의 인생을 제대로 살고 있다는 반증이다.

  누군가에게는 시간이 짧고 누군가에게는 시간이 길게 느껴지는 것, 언제는 시간이 지루하게 언제는 시간이 빠르게 지나는 느낌을 받는다. 시간과 시간을 쓰고 있는 주체와의 관계에서 주객主客이 전도되지 않기를 바란다. 언제나 세상의 중심은, 시간의 주인은 나 자신임을 망각하지 말자.

● 잔 들고 혼자 안자 먼 뫼흘 바라보니
그리던 님이 오다 반가옴이 이러하랴
말씀도 우움도 아녀도 몯내 됴하 하노라

잔을 들고 혼자 앉아서 먼 산을 바라보니
그리워하던 임이 온다고 이렇게까지 반갑겠는가?
산은 말도 웃음도 아니 하여도 못내 좋아하노라

— 고산 윤선도 시조

병자호란 때 왕을 호종(扈從)하지 않았다 하여 경상도 영덕에 유배되어 있다가 풀려나 해남의 금쇄동에 은거하고 있을 때 지은 것으로, '산중신곡' 속에 있는 '만흥' 6수 중 3번째 노래이다. 한문투가 전혀 드러나지 않고 우리말을 잘 살려서 지은 작품이다.

자연에 몰입하여 자연과 일체가 된 작자의 흥취를 느낄 수 있다. 산중에 홀로 앉아 주위의 자연을 안주 삼아 한 잔 술에 취하는 작자의 초연超然한 모습을 연상할 수 있는 노래이다. 때때로 사람이 그립기도 하고 친구가 찾아오면 좋으려니 하는 막연한 생각도 가져 보지만, 이제는 산보다 더 좋은 친구가 없다. 자연에 몰입되어 무아경無我境에 든 산같이 의연한 고산의 고고한 모습을 그려 볼 수 있다.

서로 말할 수 있고 함께 웃을 수 있는 그리운 임이 오면 얼마나 반갑고 좋을까. 그러나 화자는 말하지 않고 웃음도 없는 산이, 자연이 더 좋다고 말하고 있다. 이런 경지가 되기까지 화자는 어떤 일이 있었을까. 여러 상상을 해 볼 수 있을 것이다. 워낙 자연이 좋아서 그럴 수도 있겠지만 사람 관계 속에서 그만큼 실망을 많이 한 탓은 아닐까.

시의원이 되고 가장 큰 변화는 개인적인 시간과 공간이 없다는 것이다. 사람들에게 둘러싸여 사람들의 문제를 갖고 논의하고 고민하며 하루 종일 보낸다. 고산 윤선도처럼 금쇄동 같은 공간에서, 이런 시간을 보낸다는 것은 꿈같은 얘기가 될 수도 있다. 그렇지만 이런 멋진 글을 통해서 대리만족을 느끼며 작은 위로가 되니 그 또한 아니 좋은가.

치열한 사람과 사람의 관계 속에서 사람의 말과 행동으로 상처를 받는 일이 얼마나 많은가. 말하지 못하는 산이, 나무가, 꽃이 그리고 강아지, 고양이가 위로가 되는 경우가 많다. 그래서 반려견, 반려묘, 반려식물 등이 생기는 이유이지 않을까.

그만큼 인간의 관계 속에서 말과 글로, 행동으로 상처를 받는 사람들이 많이 생기고 있다는 것이다. 치유의 가치를 갖고 있는 자연을 더 이상 이대로 파괴하거나 방치하지 말아야 한다. 자연을 감상의 대상으로 응시하는 것만으로 만족하는 시대가 되길.

● 춘산春山에 눈 녹인 바람 건 듯 불고 간 듸 업다.
져근덧 비러다가 마리 우희 불니고져
귀 밋태 해묵은 서리를 녹여 볼가 하노라.

 봄 산에 쌓인 눈을 녹인 바람이 잠깐 불고 어디론지 간 곳 없고
 잠시 동안 그 봄바람을 빌려다가 머리 위에 불게 하고 싶다고 하면서
 귀 밑에 여러 해 묵은 서리, 즉 백발을 다시 검은 머리가 되게 녹여 볼까 한다.

— 고려시대 우탁이 지은 시조

 봄 산에 쌓인 눈을 녹여 주는 바람으로 하얗게 된 백발을 눈 녹이듯 녹여 자신의 젊음을 되찾고 싶다는 이 노래는 탄로 즉, 늙음을 한탄하는 노래 속에서도 인생을 달관한 여유가 한결 돋보이는 작품이다.
 체념적이지 않고 긍정적인 시적 자아의 정신을 '춘산'의 '춘春'으로

대변해 주면서 하얗게 된 백발을 '해묵은 서리'로 표현하여 비유의 참신성이 눈에 띈다. '건 듯 불고 간 듸 없다'는 자신의 젊음이 눈 깜짝할 사이에 가 버린 세월의 빠름에 대한 허탈감을 함축하고 있다. 종장의 '귀 밋태 해 묵은 서리'는 하얗게 센 머리의 비유이며, '녹여 볼가 하노라'는 늙음을 한탄하는 안타까움과 함께 인생에 대한 여유와 관조의 자세를 엿볼 수 있다.

새해가 밝았다. 어린 사람들이야 한 살 더 먹음에 기쁨이 동반하지만 점점 나이 들어간다는 것이 반갑지만은 않은 어른들이 주변에 훨씬 더 많은 것 같다. 그러나 어차피 나이 든다는 것을 부정하여 무엇 하겠는가. 우탁의 시조처럼 나이 든다는 것에 대해 쫓김이 아니라 여유와 관조의 자세가 삶을 더욱 풍성하게 만든다.

평생을 압축해 놓은 하루에서 가장 아름다운 순간은 언제일까. 어둠과 교차하는 해가 뜰 때의 희망찬 모습, 중천에 해가 떠 있는 모습, 그리고 붉은 노을을 만들며 서산으로 해가 넘어갈 때의 모습, 이 중에서 가장 아름다운 태양의 모습은 언제일까. 삶을 살면서 똑같이 새해를 맞이하지만 현상을 바라보는 인식은 천차만별이다. 자아가 어떻게 받아들이느냐는 자신의 몫이다.

그런데 더 중요한 것은 나이 든다는 것보다 어떻게 시간을 채워가느냐가 아닐까.

- 반중盤中 조홍早紅감이 고아도 보이나다.
유자柚子 이 안이라도 품엄즉도 하다마는
품어 가 반기리 업슬새 글노 설워 하노이다.

쟁반에 놓인 붉은 감이 곱게도 보이는구나!
비록 유자가 아니라도 품어갈 마음이 있지마는
품어 가도 반가워해 주실 부모님이 안 계시기 때문에 그것이 서럽구나

— 노계 박인로의 시조

한음 이덕형으로부터 감을 대접받고 느낀 바가 있어 지었다는 이 작품은 '조홍시가'라고 널리 알려져 있다. 이 시조의 주제는 한 글자로 '효孝'이다. 귀한 음식을 대했을 때 그것을 부모님께 갖다 드렸으면 하는 것은 당연한 심정이다. 그러나 돌아가신 부모님을 생각하고 그것을 갖다 드리지 못하는 서운함을 노래하고 있다. 부모가 생존해

있을 때 효도하라 그렇지 않으면 이후에 후회를 한다는 풍수지탄風樹之嘆의 교훈이 담긴 시조이기도 하다.

내 나이 10살, 초등학교 3학년인 어린 시절에 어머니가 돌아가셨다. 그리고 반생을 장애인으로 사신 아버지 또한 몇 년 전에 어머니 곁으로 떠나셨다. 오늘날 전통적 가치인 효孝가 아직 유효한지는 모르겠다. 그러나 자신을 낳아주신 부모에 대해 생각한다는 것은 생명을 갖고 태어난 모든 생물의 본능 같은 것은 아닐까.

덧붙여 나이 들면서 돌아가신 부모님을 떠올릴 때가 점점 더 많아진다. 그리고 돌아가신 부모님을 떠올리다보면 두 분에게 부끄럽지 않은 삶을 살아야겠다는 생각을 자연스럽게 하게 된다.

시대가 많이 변했다. 그러나 인간의 본능은 불변(不變)이다. 다만 그 본능을 언제 발견 하느냐가 중요하다. 어린 시절 본능이란 단어를 배워 알고 있었지만 인지하지 못하고 중학교, 고등학교 시절을 보냈다. 안으로 나를 찾으려고 하는 것이 아닌 외적으로 감정을 분출하는 것이 우선이었던 시기였다.

부모님을 대하는 효의 본능을 좀 더 일찍 발견하면 할수록 분명 그만큼 덜 후회가 되는 것은 분명하다.

찰하리 잠을 드러 꿈의나 보려 하니, 바람의 디난 잎과 풀 속에 우는 즘생, 무스 일 원수로서 잠조차 깨오난다. 천상天上의 견우牽牛 직녀織女 은하수銀河水 막혀서도, 칠월칠석七月七夕 일년 일도一年一度 실기失期치 아니거든, 우리 님 가신 후는 무슨 약수弱水 가렷관대, 오거나 가거나 소식消息조차 끈쳤는고. 난간欄干의 비겨 셔서 님 가신 데 바라보니, 초로草露는 맺쳐 있고 모운暮雲이 디나갈 제 죽림竹林 푸른 곳에 새 소리 더욱 설다. 세상의 서룬 사람 수업다 하려리와, 박명薄命한 홍안紅顔이야 날 같은 이 또 이실가. 아마도 이 님의 지위로 살동 말동 하여라.

차라리 잠이 들어 꿈에나 임을 보려 하니 바람에 지는 잎과 풀 속에서 우는 벌레는 무슨 일이 원수가 되어 잠마저 깨우는고? 하늘의 견우성과 직녀성은 은하수가 막혔을지라도 칠월 칠석 일 년에 한 번씩 때를 어기지 않고 만나는데, 우리 임 가신 후는 무슨 장애물이 가리었기에 오고 가는 소식마저 그쳤는고? 난간에 기대어 서서 임 가신 데를 바라보니, 풀 이슬은 맺혀 있고 저녁 구름이 지나갈 때, 대나무 수풀 우거진 푸른 곳에 새소리가 더욱 서럽다. 세상에 설운 사람 많다고 하려니와 운명이 기구한 여자야 나 같은 이가 또 있을까? 아마도 이 임의 탓으로 살듯 말듯 하여라.

― 허난설헌의 <규원가閨怨歌> 중
'잠을 자지 못하고 임을 기다리는 마음' 가사

제목의 뜻이기도 한데 규원閨怨이란 말은 아녀자의 원망이라는 의미이다. 사랑하는 남편이 집을 가출하여 돌아오지 않고 소식이 끊어진 상태에서 남편에 대한 원망을 하면서 자신의 기구한 운명에 고민하는 여성, 바로 허초희의 정서가 가슴 아프게 표현되었다. 아마도 봉건주의 사회에서의 여성의 삶이 어떠했는지를 짐작하게 하는 가사이기도 하다. 박명薄命한 홍안紅顔은 기구한 운명의 화자 자신을 의미하는 것일 텐데, 이 부분을 보면서 허초희의 삶이 궁금하여 알아 본적이 있다. 허난설헌은 1563년에 당시 동인 세력의 우두머리였던 허엽의 딸로 태어났다. 오빠와 동생 사이에서 어깨너머로 글을 배우기 시작해, 불과 여덟 살 때 시를 지을 정도로 재능이 뛰어났다.

허난설헌은 열다섯 살이 되던 해에 조선의 여느 여인들처럼 어른들이 정해준 집안으로 시집을 갔다. 하지만 남편인 김성립과는 사이가 좋지 않았고, 시어머니의 시집살이가 무척 심했으며, 자식마저 병과 유산으로 모두 잃었다. 게다가 친정 오빠인 허봉이 귀양살이를 하다 죽고, 동생인 허균마저 유배를 떠나는 등 친정집도 불행이 끊이지 않았다. 허난설헌은 이 모든 불행을 견디며 오직 시를 짓는 일로 위안을 삼았다.

그녀의 시에는 집안에 갇혀 살아야 하는 여인들의 마음과 속세를 떠나고 싶은 마음이 담겼다. 허난설헌은 스물일곱 살이 되던 해인 1589년에 세상을 떠났는데, 마치 자신의 죽음을 예상한 듯 〈몽유광상산〉이라는 시를 남겼다. 그리고 죽기 전 어느 날 가족들에게 "내가 지은 시들을 모두 불태워 없애 달라. 그래서 나처럼 시를 짓다 불행해지는 여인이 다시는 나타나지 않도록 해 달라."는 유언을 남겼다고 한다. 그녀가 지은 〈몽유광상산〉은 다음과 같다.

푸른 바닷물이 구슬 바다에 스며들고
푸른 난새는 아롱진 난새와 어울렸구나.
부용꽃 스물일곱 붉게 떨어지니
달빛 서리 위에서 차갑기만 해라.

이 시에서 예고한 것처럼 결국, 스물일곱 나이에 생을 마감한다.
　삶은 언제나 고달프다. 필자도 고달프다. 이 글을 읽는 독자도 고달플 것이다. 모두 그렇다. 그런데 우린 이런 절망도 없는 절망 속에 살면서 희망을 논할 수밖에 없다. 그런데 희망은 누가 만들어주는 것이 아니다. 이 또한 나의 의지와 노력이 병행되어야 희망이 내 주변에 다가온다. 지금의 나를 돌아보고 희망이 간절하게 필요할 땐 필자는 시를 쓰거나 책을 읽거나 이마저도 부족하다고 생각하면 공부를 시작한다. 지금도 그렇지만 얼마 전 끝없는 한계를 느끼며 눈물을 흘린 적이 있다. 그리고 결심한 것이 공부였다. 그래서 봄에 대학원 시험을 보고 입학하여 다시 또 공부를 하게 되었다. 벌써 학기가 끝나갈 무렵이다. 학교를 다니며 다시 머리가 채워지고 여유가 생긴다. 마음 속 허전함이 사라지고 마음 밑바탕에 에너지가 서서히 쌓이는 느낌이다. 바로 희망이 내 가까이 다가온 듯, 희망의 싹이 꿈틀거리는 느낌이다.

운명론자보다는 절망의 상황을 희망으로 극복하고자 하는 의지와 노력이 더 중요하다는 것을 삶을 살면서 뼈저리게 느낀다. 또한 누군가가 희망을 만들어 주는 것이 아니라 내 스스로 절망을 극복하려는 마음이 곧 희망인 것을 나이 들면서 점점 더 실감한다. 결국, 희망발전소는 나 자신이다.

●

구룸이 무심無心탄 말이 아마도 허랑虛浪하다.
중천中天에 떠 이셔 임의任意로 다니면서
구태여 광명光明한 날빛을 따라가며 덥나니.

구름이 사심邪心이 없다는 말은 허무맹랑한 거짓말이다.
하늘 높이 떠 있어 마음대로 다니면서
구태여 밝은 햇빛을 따라 가며 덮는구나.

— 고려 시대 이존오의 시조 <구름이 무심탄 말이>

고려 말엽 승려인 신돈이 공민왕의 총애를 받아 진평후라는 봉작까지 받았으나 왕의 총명을 흐리게 하고 국정國政을 어지럽혔다. 이를 한탄하여 '구름'을 신돈으로, '날빛'을 공민왕의 총명으로, '중천中天'은 임금의 총애를 한 몸에 지닌 높은 권세를 비유해 지은 풍자적 성격의 작품이다. '구룸이 무심無心탄 말이 아마도 허랑虛浪하다.' 여기에 구름이 제 마음대로 떠다닌다는 것은 고려말 간신 신돈의 횡포에 대한 우의적寓意的인 표현이다. '구룸'으로 비유된 신돈 일파를 못 믿겠다는 뜻을 함축하고 있다.

  이 노래를 지은 작가의 관점 그대로 보면 이존오는 충신이고 신돈은 간신이다. 물론 신돈의 입장으로 보자면 이존오가 간신이 될 것이다. 역사歷史는 승자의 입장으로 기술된다고 한다. 20년 동안 학생들을 가르치다가 막상 이십대의 꿈이었던 정치인이 되니 이 시조가 현실적으로 더욱 와 닿는다.

  지금은 봉건사회의 왕조 시대가 아니다. 그런데 권력을 가진 사람을 중심으로 충신 프레임과 간신 프레임은 여전히 유효한 프레임이다. 그리고 신돈과 같은 간신이 국정을 혼란에 빠뜨리는 일은 권력이 있는 한 언제 어디서나 존재한다. 다만 예전에 비해 오늘날은 간신에 의해 부패하고 민주적이지 않은 권력을 국민이 무너뜨릴 수도 있다는 것이다.

  국민 무서운 줄을 알아야 한다. 해를 가리는 구름은 한 순간이다. 바람이 불면 구름은 해를 가릴 수 없다. 구름은 바람 무서운 줄을 알아야 한다. 바람, 그것은 국가를 구성하는 국민 한명 한명의 힘이다. 분명 국민을 이기는 간신과 권력은 없다.

● 청산靑山은 엇뎨하야 만고萬古애 프르르며
유수流水는 엇뎨하야 주야晝夜애 긋디 아니는고.
우리도 그치디 마라 만고상청萬古常靑 호리라.

푸른 산은 어찌하여 영원히 푸르며
흐르는 물은 또 어찌하여 밤낮으로 그치지 않는가.
우리도 저 물같이 그치는 일 없이 저 산 같이 언제나 푸르게 살리라

— 조선 시대 이황 〈도산십이곡陶山十二曲〉중
열두 수 가운데 육곡중 다섯 번째 노래

도산십이곡陶山十二曲이라는 제목의 연시조 속에 포함된 한 수로 자연에 대한 예찬적 태도는 있으나 풍류적 태도를 드러내고자한 것은 아니다. 이 시조는 청산靑山과 유수流水의 영원성을 통하여 학문의 길을 나타내고자 한 것으로 학문 수양에의 의지를 나타낸 시조이다.

2018년 7월부터 시의원이 되어 상임위 관련 자료, 민원과 관련된

자료 등등 의정활동에 필요한 자료를 봐야 할 것이 의외로 많다. 다른 지자체 자료를 찾아보거나 더 나아가서는 외국의 좋은 사례를 찾아보는 경우도 있다. 그러다보니 지금까지 밤 10시 이전에 퇴근하는 일이 많지 않다. 공부는 끝이 없다는 말이 더욱 실감난다.

아마도 지금처럼 어린 시절 공부를 했더라면 수재 소리를 듣지 않았을까 싶다. 그만큼 시민이 뽑아준 선출직 의원의 역할을 열심히 하려고 한다. 민선 7기인 지금이 민선 5, 6기와 달라진 점 중 하나가 이런 공부하는 분위기라고 한다. 의원들이 회기뿐만 아니라 비회기 기간에도 공부를 한다는 얘기다.

꾸준한 학습은 개인의 발전은 물론 개인이 포함된 조직의 발전, 사회의 발전에 분명 기여할 것이다. 그런데 이를 게을리 하면 발전이 없다. 정체될 것이다. 그리고 정체는 곧 개인의 퇴보와 조직의 퇴보, 지역 사회의 퇴보를 가져 오게 된다. 오늘날은 무한 경쟁의 시대이다. 무한 경쟁의 시대에서 살아남기 위한 것은 오직 학습學習이다.

물론 단순하게 자리를 지키고 책만 본다고 되는 것은 아니다. 그 학습의 방법이 오늘날에는 토론을 통해서도 가능하고 영상을 보며, 현장을 다니며 보고 듣고 느끼는 것 또한 학습이다. 그런데 무엇보다 학습자의 입장에서 이런 학습의 방법을 잘 취사선택해야 한다. 적절한 학습 방법을 그때그때 잘 선택해야 좋은 결과를 도출할 수 있는 것이다. 또한 학습자가 학습의 필요성을 인식하고 학습을 하겠다는 태도와 마인드가 늘 있어야 한다. 그 항상성이 결국 개인과 조직, 지역 사회, 국가를 푸른 모습으로 발전시키는 동력인 것이다.

만고에 푸르른 청산과 밤낮으로 흐르는 유수처럼 변함없는 가치를 품고 실천하는 사람이 이 시대의 중심, 작든 크든 조직의 중심이 될 것을 믿는다.

어리고 셩 긘 매화梅花 너를 밋지 아녓더니,
눈 기약期約 능能히 직혀 두세 송이 퓌엿고나.
쵹燭 잡고 갓가이 사랑헐 제 암향暗香조차 부동浮動터라.

연약하고 가지가 듬성듬성, 엉성한 매화이기에 어찌 꽃을 피울까 하고 믿지 아니하였더니
눈 올 때 피겠다고 하던 약속을 능히 지켜 두세 송이가 피었구나.
촛불 잡고 너를 가까이 완상할 때 그윽한 향기조차 떠도는구나.

— 안민영 시조 〈매화사〉 중 '어리고 셩 긘 가지'

찬미적 성격의 시조로 '매화사' 또는 '영매가咏梅歌'라는 제목의 8수로 되어 있는 연시조이다. 작자가 헌종 6년 겨울에 스승인 박효관의 신방에서 벗과 기생과 더불어 가야금과 노래로 놀 때, 박효관이 가꾼 매화가 책상 위에 피어 이를 보고 지은 것이라 한다. 매화를 너라고 한다든가 하여 약속과 사랑의 대상으로 의인화하며 매화의 은은

한 향기를 예찬하고 있다.

  24절기 중에서 양력 2월 4일은 봄이 시작된다는 입춘立春이다. 벌써 남쪽에서는 봄의 전령사인 매화가 피었다는 발 빠른 봄소식이 전해지고 있다. 자연은 어김없이 겨울을 밀어내고 봄을 맞이하고 있다. 사실 믿지 않는 것, 약속을 어기는 것은 매화가 아니다. 자연의 순리를 어기는 대상은 늘 사람이다.

  기존에는 없었던 기상이변이 자연의 재앙으로 수시로 일어나면서, 그리고 중국에서 발생한 새로운 바이러스 코로나19 역시도 인간을 위협하고 있다. 인간이 만든 세계대전보다 더 큰 인명피해를 양산하고 있다. 그런데 이 또한 인간이 만들어낸 또 하나의 큰 재앙災殃이다.

  아마도 조금만 더 시간이 지나면 목련, 개나리 그리고 벚꽃이 지천에 흐드러지게 피어날 것이다. 똑 같은 자리에서 피는 것 같지만 한 번 핀 꽃은 다시 같은 자리에 피지 않는다. 자연은 규칙에 따라 보이지 않게 늘 성장한다. 그 성장의 규칙을 자연의 약속을 깨는 것은 인간이다. 자연을 자연스럽게 보고 즐기면 되는 것을 욕심이 지나치게 개입되면 탈이 나게 되어 있다. 바로 과유불급過猶不及!

● 무상無常한 이 몸애 무슨 지취志趣 이스리마는 두세 이렁 밧 논을 다 무겨 더뎌 두고, 이사면 죽粥이오, 업시면 굴물망졍 남의 집 남의 거슨 젼혀 부러 말렷노라. 니 빈텬貧賤 슬히 너겨 손을 혜다 물러가며, 남의 부귀富貴 불리 너겨 손을 치다 나아 오랴. 인간人間 어내 일이 명命 밧긔 삼겨시리. 빈이무원貧而無怨을 어렵다 하건마는 내 새애生涯 이러호대 셜온 뜻은 업노왜라. 단사표음簞食瓢飮을 이도 족足히 너기로라. 평생平生 한 뜻이 온포溫飽에는 업노왜라. 태평쳔하太平天下애 충효忠孝를 일을 삼아 화형제和兄弟 신붕우信朋友 외다하리 뉘 이시리. 그 밧긔 남은 일이야 삼긴 대로 살렷노라.

못생긴 이 몸이 무슨 소원이 있으리오마는 두세 이랑 되는 밭과 논을 다 묵혀 던져 두고, 있으면 죽이요, 없으면 굶을망정, 남의 집 남의 것은 전혀 부러워하지 않으려고 하노라. 나의 빈천을 싫게 여겨 손을 헤친다고 물러가며 남의 부귀를 부럽게 여겨 손을 친다고 나아오랴? 인간 세상의 어느 일이 운명 밖에 생겼겠느냐? 가난하면서도 원망하지 않음이 어렵다고 하건마는 내 생활이 이러하되 서러운 뜻은 없노라. 한 대 광주리의 밥을 먹고 한 표주박의 물을 마시는 어려운 생활을 이것도 만족하게 여기노라. 평생의 한 뜻이 따뜻이 입고, 배불리 먹는 데는 없노라. 태평스런 세상에 충성과 효도를 일을 삼아, 형제간에 화목하고 벗끼리 신의 있게 사귀는 일을 그르다고 할 사람이 누가 있겠는가? 그 밖의 나머지 일이야 태어난 대로 살아가려 하노라.

— 노계蘆溪 박인로의 〈누항사陋巷詞〉

이 작품은 한음漢陰 이덕형李德馨이 찾아와 누항陋巷 생활의 어려움을 묻자, 이에 답한 작품이라 전한다. 한음이 노계蘆溪의 고생스런 생활상을 물었을 때, 가난하지만 원망하지 않으며 안빈낙도하는 심회와 생활상을 읊은 작품이다. '누항陋巷'이란 '논어'에 나오는 말로, 가난한 삶 가운데도 학문을 닦으며 도를 추구하는 즐거움을 즐기는 공간을 말할 때 자주 사용된다. 이 시는 제목에서부터 가난하나 원망하지 않는 빈이무원貧而無怨의 경지나 자연을 벗 삼아 안빈낙도安貧落島함을 알게 해 준다. 바로 이 점에서 이 작품은 당대의 산림에 묻힌 선비들의 고절한 삶과 현실의 부조화를 직설적으로 드러내고 있다.

위 짧은 내용 속에도 빈이무원, 안분지족, 유교의 가치인 충효, 화형제, 신봉우 등등 다양한 내용이 내포되어 있다. 그 중에서 '나의 빈천을 싫게 여겨 손을 헤친다고 물러가며 남의 부귀를 부럽게 여겨 손을 친다고 나아오랴? 인간 세상의 어느 일이 운명 밖에 생겼겠느냐?' 이 부분을 좀 더 깊이 있게 분석해 보려한다. 인간 세상의 모든 일들이 운명 안에서 이루어진다는 작자의 운명론적인 가치관을 확인해 볼 수 있는 부분이다. 인간은 완벽한 존재가 아닌 불완전한 존재이기에 그 한계로 인해 운명론에 의지를 해야 하거나 또 그렇게 하고 싶을 때가 있다. 어쩔 수 없는 경우 '운명일거야'하며 그렇게 치부해 버리고 운명 탓으로 떠넘기고 사는 경우도 흔히 있는 것이 사실이다. 그런데 그렇게 떠넘기면 다 해결되는 것인가.

'백범일지'를 보면 과거 시험을 준비했던 김구가 시험을 포기하고 집에 돌아왔을 때 아버지로부터 관상쟁이가 되라는 권유를 받고 관상학 공부를 했다는 일화가 나온다. 그래서 열심히 관상학 공부를 했는데 김구는 그런 과정 중에 답을 찾았다고 한다. 즉 '관상 좋은 것은 몸이 좋은 것만 못하고, 몸이 좋은 것은 마음이 좋은 것만 못하다'는 내용이었다. 주어진 관상 곧, 운명보다는 마음을 잘 다스려야 함을 깨달았다는 것이다. 한평생을 살아감에 있어서 스스로 마음가짐을 훌륭하게 만들어 가야함을 깊게 깨달았던 것이다. 그래서 결국 김구는 그런 관상을 갖고 태어나지는 않았지만 민족의 지도자가 되는 품성을 갖추는 노력을 통해 우리 근현대사에서 가장 존경하는 위인이 된 것이다. 그냥 타고난 운명만 믿고 사는 삶과 자신이 할 수 있는 노력을 최선을 다하고 하늘에 맡기는 삶과는 분명 그 결과가 다를 것이다.

'누항사'의 내용을 오해하는 경우가 많다. 분명 박인로 또한 본인이 추구한 유교적 가치이자 조선 시대의 가장 중요한 이념이었던 유교 가치를 가난한 삶 속에서도 잃지 않고, 그 나머지를 운명에 맡기겠다고 한 것이지 그냥 대책 없이 운명에 맡기는 삶을 추구한 것은 아닐 것이다. 지금 우리 주변을 둘러보자. 그리고 내 자신이 무엇을 해야 할지 돌아보며 다시 마음을 가다듬자.

운동화 끈을 다시 꽉 조여야 할 때이다. 나를 위로하고 내 삶을, 내가 가장 사랑할 때이다. 그리고 나 자신에게 힘을 북돋아 주자. 그리고 다시 내 삶을 위해 파이팅이다,

●

이 몸이 주거주거 일백 번 고쳐 주거,
백골白骨이 진토塵土되여 넉시라도 잇고 업고
님 향한 일편단심一片丹心이야 가실 줄이 이시랴.

내가 일백 번을 다시 죽어서
뼈가 티끌이 되어 넋마저 있든지 없든지 하여도
임을 향한 나의 일편단심은 변하지 않을 것이다.

— 고려 말엽 포은圃隱 정몽주 시조 〈단심가〉

일명 '단심가丹心歌'라고 하는 이 노래는 이방원이 정몽주를 회유하기 위해 지었던 '하여가'에 화답하는 노래로서 정몽주의 굳은 절개가 잘 나타나 있다. 자신이 죽는 한이 있더라도, 그리고 아무리 고통스런 시간이 흐른다 하여도 임을 향한 마음이 변하지 않을 것이라는 의지를 설의적으로 표현하고 있다. 직설적인 언어를 사용하여 자신의 의지를 관철시키고자 하는 자기 확인과 의지를 표현하고 있는 작품이라고 할 수 있다.

그리고 일편단심一片丹心을 통해 위국충절爲國忠節의 주제를 잘 나타낸 이 시조는 많은 사람들이 사랑하는 사람을 두고 고백하거나 사랑하는 이에 대한 지조를 표현하고자 할 때 애송하는 노래이기도 하다. 초장, 중장, 종장 3장 6구의 짧은 노래가 이토록 강렬하게 화자의 마음을 표현할 수 있다는 훌륭한 시조의 전형을 보여주는 노래이다.

인간의 생명은 그 무엇보다 중요하다. 그리고 한 번 생명을 잃으면 세상과는 영원한 이별이다. 그런데 일백 번을 고쳐 죽고 백골이 고운 흙이 되어 영혼이 사라지더라도 임을 사랑하겠다는 마음, 그 대상이 국가든, 정의든, 부모든, 애인이든 절절한 사랑, 변치 않을 영원한 사랑을 품고 산다는 것은 그 얼마나 아름다운 삶일까.

진정성을 가슴에 품고 삶을 산다는 것, 그 자체가 참 멋진 삶이라는 생각을 해 본다. 나는 일편단심, 한 조각의 붉은 마음을 품고 살고 있는가. 우리는 진심眞心에서 우러나오는 변치 않은 마음을 품고 사는가. 한평생 삶을 살면서 일편단심이 없다면 한 조각의 변치 않는 붉은 마음 품어 보길!

● 삼동三冬에 뵈옷 닙고 암혈巖穴에 눈비 마자
　구름 낀 볏뉘도 쬔 적이 업건마는
　서산西山에 해지다 하니 눈물겨워 하노라.

　　한겨울에 베로 지은 옷을 입고, 바위굴에서 눈비를 맞고 있으며
　　구름 사이로 비취는 햇볕도 쬔 적이 없지만 즉, 임금의 은혜를 입은 적도 없지만
　　서산에 해가 졌다 즉, 임금께서 승하하셨다는 소식을 들으니 눈물이 난다.

―조식의 시조

　군신유의君臣有義의 유교 정신을 잘 보여 주는 작품으로 벼슬을 하지 않고 산중에서 은거하는 몸이라 국록을 먹거나 성은聖恩을 입은 바 없지마는 임금이 승하昇遐했다는 소식을 듣고 애도하는 마음을 노래하고 있다. 자신의 생활과 정서를 직설적으로 토로하지 않고 비

유적으로 나타내어 한층 묘미를 살리고 있는 점이 특징이다.

  고전을 읽은 이유 중에 하나는 오랜 시간을 거쳐 전해지는 동안 인간의 삶, 그 전범이 담겨져 있기 때문이다. 시간이 지남에 따라 과거와 현재, 그 사회적 양식은 변했어도 인간의 삶의 본질적, 전형적 유형은 유지되고 있다. 즉 이 작품에서 임금과 선비의 관계가 오늘날에도 똑 같은 형태는 아니지만 유사한 관계가 유지되고 있기 때문에 고전을 통해 그 본질적 가치와 관련하여 생각할 의미가 있기에 고전 중에서 시조 또한 읽을 필요가 있지 않을까.

  정치의 계절, 선거가 다가오고 있다. 그런데 요즘 사람들은 왜 정치인을 혐오할까. 무수히 많은 말들을 통해 정치를 비판하거나 아니면 아예 그마저도 관심을 주지 않고 외면하는 경우가 점점 많아지고 있다. 그 이유 속에는 정치의 본질이 상실되고 정치를 '거래'로 접근하는 일부 몰지각한 속칭 정치꾼들 때문은 아닐까.

  임금님의 성은을 전혀 받지 않았지만 중종의 승하를 안타까워 눈물을 흘리는 선비의 모습을 통해 오로지 눈치 보지 않고 시민만 바라보는 소신 있는 정치를 생각해 본다. 아마도 그것이 시민에게 외면 받지 않고 시민에게 사랑을 받는 정치, 정치인이 되는 방법은 아닐까.

● 천만리千萬里 머나먼 길에 고흔 님 여희옵고
내 마음 둘 데 업셔 냇가에 안쟈시니
져 물도 내 안 같하여 울어 밤길 녜놋다.

    천만 리 머나먼 곳, 영월에다 고운 임 즉, 단종과 이별하고
    슬픈 마음을 달랠 길이 없어 냇가에 앉아 있으니
    흘러가는 저 냇물도 내 마음 같아서 울면서 밤길을 흘러가는
구나.

― 왕방연의 시조

지은이가 금부도사가 되어 영월로 귀양 가는 단종을 압송해 갔을 때 지은 작품이다. 어린 임금을 두메산골인 강원도 영월에 두고 돌아오는 길의 괴로운 심정을 읊고 있다. 어쩔 수 없이 어린 임금을 유배지에 남겨 두고 되돌아와야만 했던 죄책감과 가련한 심정을 냇물에 의탁하고 있다.

임금과 이별한 애절한 마음, 유배 생활을 하게 된 임금에 대한 연민과 사모를 담은 노래로 일반적인 시조처럼 종장에서 지은이의 정서가 가장 잘 집약되어 나타나고 있다. 즉 냇가의 '물'은 지은이의 감정이 이입된 상관물로 눈물의 이미지로 비유되었다.

단종과 수양대군의 관계 속에서 갈등하고 있던 신하들이 많았다. 일명 '사육신'이라고도 하는 신하들 말고도 많은 신하들이 충신일군지사忠信一君志士의 뜻을 갖고 있었다. 그 중 한 사람이 왕방연이다.

얼마 전 개봉한 영화 중에 실화를 바탕으로 한 우민호 감독의 '남산의 부장들'이라는 영화가 있다. 정치적 상황을 감독 나름의 관점을 갖고 새로운 버전으로 만들어 보여준 영화이다. 이 영화를 통속적 관점으로 해석하자면 한 인물을 두고 벌이는 두 인물의 질투로 볼 수도 있을 것이다. 절대 권력을 두고 어떤 선택을 하느냐. 절대 권력자에게 잘 보이기 위한 두 부하의 감정 대립으로 영화의 결말은 비극으로 끝난다.

귀양을 간 단종, 그 임금을 떠나보내고 돌아와야 하는 신하. 권모술수의 신臣과 군君의 관계가 아닌, 사랑하는 임금을 홀로 남기고 돌아온 신하의 마음을 통해 비록 어린 임금이지만 임금을 대하는 신하의 마음이 어떠한지를 잘 보여주고 있다. '남산의 부장들'에 나오는 두 부장과 이 작품의 화자 왕방연을 비교해 보면 흥미진진해진다. 오늘날과 과거, 권력자를 대하는 모습이 흥미롭게 대비된다.

● 녀산廬山 진면목眞面目이 여긔야 다 뵈느다. 어와, 조화옹造化翁이 헌사토 헌사할샤. 날거든 뛰디 마나, 셧거든 솟디 마나. 부용芙蓉을 고잣는 듯, 백옥白玉을 믓것는 듯, 동명東溟을 박차는 듯, 북극北極을 괴왓는 듯. 놉흘시고 망고대望高臺, 외로올샤 혈망봉穴望峰이 하늘의 추미러 므사 일을 사로리라 천만겁千萬劫 디나드록 구필 줄 모르난다. 어와 너여이고, 너 가트니 또 잇는가.

중국의 여산처럼 아름다운 금강산의 참모습이 여기에서 다 보이는 듯하구나. 아아, 조물주의 재주가 야단스럽구나. 금강산의 수 많은 봉우리가 나는 듯 뛰는 듯, 우뚝 서 있는 듯 솟아오르는 듯하니, 참으로 수려하구나. 연꽃을 꽂아 놓은 듯, 백옥을 묶어 놓은 듯, 동해 바다를 박차고 일어나는 듯, 북극을 바치고 있는 듯하다. 높이 솟은 망고대, 외로워 보이는 혈망봉은 하늘에 치밀어 무슨 일을 아뢰려고 수많은 세월이 지나도록 굽힐 줄을 모르느냐?

굳건히 지조를 지키는 이는 망고대, 혈망봉 너로구나. 너처럼 지조를 지키는 것이 또 있겠는가?

— 정철의 <관동별곡> 중

위 내용은 송강 정철의 관동별곡 중에서 진헐대에서 금강산의 만이천 봉을 바라보며 다기다양한 산세가 수려하고, 망고대와 혈망봉의 기세는 지조를 지키는 송강 자신의 모습 같다구 노래하고 있는 가사이다.

일반적 묘사에서 구체적 묘사로, '면앙정가'의 영향을 받은 -거든. -마나, -듯의 표현과 대구법, 직유법, 활유법 등을 통해 금강산의 장관에 대한 감탄을 읊은 부분이다. 참으로 표현이 놀랍다. 그리고 우리말이 이토록 다양하고 아름답게 쓰이고 있구나 하고 감탄할 만한 표현이 있는 부분이다. 특히 송강의 작품은 순 우리말을 참 잘 표현한 작품들이 많다. 고유명사는 한자어로 썼지만 대부분이 순 우리말 표현이다. 학창시절 읽었을 때는 이것이 정말 우리말인가 할 정도로 어려웠다. 그러나 나이 들어 새삼 다시 관동별곡을 읽어보니 새롭고 놀랍다. 이렇게 표현할 수 있는 언어가 또 있을까. 얼마 전 한글 사용에 대한 제안을 한 적이 있다. 그러면서 김포시 조례를 찾아 본적이 있다.

김포시는 2014년 한글사랑 지원 조례를 만들었다. 이에 따르면 조례 제1조 목적에서는 〈국어기본법〉에 따라 김포시민의 한글사용을 촉진하고 한글의 발전과 보전의 기반을 마련하여 시민들의 한글사랑과 문화적 삶의 질을 높이는 것을 제시하였으며 제6조 제2항 제2호와 제3호에서는 어려운 한자어, 일본식 한자어, 외국어 및 표준국어대사전에 실려 있지 않은 낱말의 사용을 자제하고 쉬운 우리말을 사용한다. 그리고 꼭 사용해야 할 경우를 제외하고 외래어의 사용을 자제한다고 되어 있다. 그런데 현실은 그렇지 않았다.

아트빌리지, 아트홀, 에코센터, 클린도시사업소, 브리핑룸 등등 김포시 공공기관의 명칭과 최근 새롭게 만든 부서의 명칭을 보면 공공기관이 앞장서 외래어를 쓰고 있는 현실이다. 대부분의 지자체가 클린이라는 용어보다는 청정, 맑은, 깨끗한 등 우리말을 쓰며, '상하수도사업소'도 성남시, 포항시, 의정부시, 경주시 등등은 '맑은물사업소'로 쓰고 있다. 즉 부서명은 우리말로 쓰는 경우가 대부분이다. 또한 각 부서마다 '가건물', '간담회', '견본', '수취인', '순번', '행선지', '잉여' 등등 아직도 일본어 투 용어를 흔하게 쓰고 있다. 이는 각각 '임시건물', '정담회 또는 대화모임', '본보기', '받는이', '차례', '가는 곳', '나머지' 등으로 순화하여 써야 한다. 공공기관의 공공언어는 사회 전체의 언어문화에 큰 영향을 미친다. 외래어 보다는 우리말을 사용하고, 일제 잔재 용어는 청산해야 한다. 그래서 바르고 정확한 우리말을 사용하여 한글 사랑을 행정에서 실천해 주길 부탁한다.

마을, 산, 다리 등등 다양한 이름 중에서 고유 이름을 찾는 일에도 적극적으로 나서 주길 바란다. 일제 강점기와 산업화, 도시화되면서 의미 있고 예쁜 고유한 이름을 우리 시는 수도 없이 많이 잃었다. 예를 들어 고촌에는 옥녀봉과 당산미가 있었다. 그런데 공항 활주로 기반을 다질 땅이 필요하여 옥녀봉을 허물었다. 그리고 기존의 당산미란 이름을 없애고 당산미를 옥녀봉으로 부르게 되었다. 고유한 원래 이름을 찾아주어 지역의 정체성을 회복하는 일에 적극적으로 임해 주길 당부한다.

또한 고양시의 달빛마을, 별빛마을, 은빛마을, 옥빛마을 세종시의 도로 이름, 겨레로, 한결로, 솔빛로, 다솜로(사랑의 옛말), 라온로(즐거운의 옛말) 다리 이름에 우람교, 가람교(강의 순우리말), 동 이름에는 다정동, 새롬동, 보람동, 소담동, 집현동, 어진동, 산울동, 해밀동(비가 온 뒤에 맑게 갠 하늘), 아름동, 고운동 등이 있습니다. 새롭게 이름이 필요한 곳에는 과거 연원을 찾아 이렇듯 의미 있고, 쉽고, 아름다운 우리말 이름을 짓고 쓰기를 당부한다.

정철의 글을 보면 우리말의 박람회를 보는 듯하다. 그래서 정철의 글을 자주 찾아 읽는다. 언어는 생각의 집을 짓는 얼이다. 얼은 정신이다. 얼을 잃으면 모든 것을 잃는 것이다. 우리말을 사랑까지는 아니어도 홀대는 하지 말자.

2
뿌리 깊은 나무는

● 수양산首陽山 바라보며 이제夷齊를 한恨하노라.
주려 주글진들 채미採薇도 하는것가.
비록애 푸새엣 거신들 그것이 뉘 따헤 낫드니.

　　백이와 숙제가 들어가 고사리를 캐 먹었다는 수양산을 바라보
며 그들을 한탄한다.
　　차라리 굶어 죽을지언정 고사리를 캐어 먹었단 말인가.
　　고사리가 푸성귀일망정 그것은 뉘 땅에 난 것인가. 주나라 땅
에 난 것이 아니겠는가?
　　　　　　　　　　　　　－사육신 중 한 사람인 성삼문의 〈절의가〉

이 노래는 세조의 단종 폐위에 항거한 작자의 의지를 은유적으로 표현한 '절의가'이다. 중국 은나라의 두 충신인 백이와 숙제를 성삼문 자신과 비교하면서 자신은 수양 대군의 어떤 호의도 거절하겠다는 굳은 절개를 강조하고 있다. '수양산'은 '수양대군'을 암시한다. 백이와 숙제를 한탄하는 듯 하면서도 사실은 작가가 처한 현실을 암시한 것으로 세조의 녹을 받지 않겠다는 당찬 의지가 드러나 있다.

이 시조를 감상하면서 정치인과 정치꾼을 생각해 본다. 정치인과 정치꾼의 차이를 여러 가지로 구분하고 논할 수 있을 것이다. 그 중 하나가 휴머니즘(humanism)이다. 모든 인간관계의 바탕에 깔려 있어야 하는 것이 바로 이 휴머니즘이다. 이 휴머니즘은 사람, 인간에 대한 가장 기본적인 예의의 다른 이름이라고 본다.

사실 정치꾼은 휴머니즘이 없다. 본인의 이해관계로만 사람 관계를 생각하고 정치를 이용한다. 본인의 입신양명을 위해서 정치를 수단으로 이용한다. 이것과는 다르게 정치인은 정치의 바탕에 사람에 대한 예의와 신의를 먼저 생각한다. 그리고 사람 자체에 대한 고민을 더 많이 한다. 그러다가 자신에게 주어진 입신양명의 기회를 챙기지 못하는 경우도 있다.

한마디로 성삼문은 미련하다. 그러나 후대 사람들은 성삼문을 미련하다고 생각하지 않는다. 다만 그의 일편단심一片丹心을 높게 평가할 뿐이다. 결국 정치인은 정치꾼을 이긴다.

신의를 지키는 정치는 가장 기본이며 올바른 정치의 바탕이다. 발 빠르게 바뀌는 4차 산업혁명의 시대이지만 정치만큼은 자신만 생각하는 영악한 정치보다는 휴머니즘을 우선에 두고 미련하지만 사람에 대한 예의와 신의를 바탕에 둔 정치를 해야 한다. 자신의 입신양명立身揚名보다는 시민을 위한, 휴머니즘이 있는 정치인다운 정치인이 인정받는 시대가 되길 진정으로 바란다.

- 강산江山 죠흔 경景을 힘센이 닷톨 양이면,
내 힘과 내 분分으로 어이하여 엇들쏜이.
진실眞實로 금禁하리 업쓸씌 나도 두고 논이노라.

　자연의 아름다운 경치를 힘센 사람이 서로 자기 것으로 삼으려고 다툴 것 같으면
　미약한 내 힘과 가난한 처지로서 어찌 이런 아름다운 경치를 얻을 수가 있겠는가?
　정말 아무도 자연 구경을 금할 사람이 없으므로 나 같은 사람도 자연의 주인이 되어 마음 놓고 즐기며 노닐 수 있노라.
　　―《청구영언靑丘永言》에 실린 김천택의 〈강산江山 죠흔 경景을〉 시조 해설

　자연의 아름다움을 마음껏 한가롭게 즐겨 보겠다는 심정을 노래한 작품이다. 그러나 조선 초기의 고답적 가풍家風은 사라지고 평민적인 솔직한 사고방식이 반영되어 있다. 이 시조는 또 이 세상의 모

든 물건은 주인이 있으나 오직 달과 바람만은 주인이 없어 누구나 자유롭게 즐긴다는 내용을 노래한 소동파의 '적벽부'를 연상하게 한다.

이 시의 작가가 중인이라는 점을 고려한다면 시인은 자연이 양반사대부들만이 즐기는 것이 아니라 자신과 같은 계층도 즐길 수 있는 것이라 하여 세속적 현실과 대비되는 자연의 한없는 너그러움을 은연 중에 암시하고 있다.

지난 주말, 미세먼지 없는 청명한 봄을 완연히 느낄 수 있었다. 짧은 시간이었지만 시간이 되어 풍무동에 있는 장릉을 거닐며 잠시 산책을 할 수 있었다. 코로나19로 집안에서 갇혀 사는 신세가 된 지 벌써 두 달이 되어 간다. 개학이 연기되고 답답한 아이들과 부모들이 산책로에 많이 보였다. 아직 겨울의 끝자락이라 봄꽃이 피지도 나무가 푸르지도 않았지만 나무와 숲이 있는 숲길을 거닌다는 것만으로도 힐링(healing)이 되었다.

이럴 때 장릉과 같은 숲은 그 자체로 보물이다. 이 보물과 같은 자연을 특정한 사람들만 누리게 된다면, 상상조차 하기 싫다. 그런데 조금씩 걱정이 된다. 왜냐하면 예전과는 다르게 점점 자연이 자본화되고 있기 때문이다. 예를 들어 과거에는 상상조차 못했던 먹는 물이 돈으로 거래되고 맑은 공기 또한 상품으로 판매되고 있다.

자연이 자본에 종속되어 돈 있는 사람은 자연을 더욱 자유롭게 향유하고 돈 없는 사람은 자연을 제한적으로 즐기게 되는 것이 점점 현실이 되고 있다. 즉 자연의 주인이 따로 있는 사회가 되고 있음에 서글픔을 금할 수 없다. 적어도 내가 마시는 물과 공기만큼은 자유롭게 향유될 수 있는 사회가 유지되길 바란다.

●

가마귀 검다 하고 백로白鷺야 웃지 마라.
것치 검은들 속조차 거믈소냐.
아마도 것 희고 속 검을손 너뿐인가 하노라.

까마귀의 겉모습이 검다고 백로야 비웃지 마라.
겉모습이 검다고 그 속까지 검기야 하겠느냐?
아마도 겉모습은 희고 속이 검은 것은 너뿐인가 한다.

— 《청구영언靑丘永言》에 실린 이직(李稷, 1362~1431)의 시조 〈오로시烏鷺詩〉

고려 유신으로서 조선의 개국 공신이 된 이직이 자신의 처세를 변호한 노래이다. 이 시에서는 구차하게 연명하면서 남을 비방하는 무리를 비유적으로 힐책하고 있으며, 작자 자신의 결백을 변호하고 있는 노래이다. 까마귀도 그 나름의 자아정체성이 있다는 합리화와 항변을 하고 있다. 우화적 기법을 사용한 것, 까마귀와 백로의 관계를 보여준다는 점에서 왕조 교체기에 창작되었음을 짐작케 한다.

초장은 까마귀의 겉모습이 검다고 백로더러 웃지 말라고 했다. 다시 말하면 까마귀로 표상된 사람들이 겉보기에는 권세를 차지하기 위해 쫓아다니는 의리를 저버린 무리로 보이지만 속을 들여다보면 다 그들 나름의 정당성이 있다는 것이다. 중장에서 그 점을 분명하게 언명하였다. 겉만 보고 속을 판단하지 말라는 것이다. 종장에서 그보다는 오히려 몸가짐이 정결한 체하며 고려 왕조에 대한 절의만을 고집하는 사람들, 곧 백로로 표상된 무리야말로 희망 없는 명분에 사로잡혀 민중의 삶을 모른 체하는 속 검은 자들이라고 역공하였다. 그리하여 자기들은 비록 권세를 쫓는 까마귀들이라고 비난받을지언정 속마음은 순결하여 오로지 민중을 구하기 위하여 역성혁명을 일으켜 새 시대를 열 충정으로 가득 차 있다는 것이다. 이렇게 본다면 이 시는 화자의 삶에 바탕을 둔 자기 정합성에서 나온 발언이라고 할 수 있겠다.

사실 이와는 상반되는 시조도 있다. 즉 '까마귀 노는 곳에 백로야 가지 마라'는 내용으로 시작하는 노래다. 그러고 보면 서로 입장이 다른 관점, 다른 입장에서 한 사안을 바라보고 있기에 서로 상반된 내용의 시조가 나온 것은 아닌가 한다.

그렇다. 코로나19를 바라보는 관점, 이에 대한 대응을 바라보는 관점, 또 우리나라가 놓인 상황을 보는 관점 등등 서로 현격한 차이를 보이고 있는 것이 현실이다. 이를 우려하는 이들 또한 있다. 그러나 우리 삶에서 같은 생각과 입장을 보인다는 것은 얼마나 될까. 대부분은 서로 미세한 부분부터 완전 상반되는 것까지 일치한다는 것은 참 어렵다. 그래서 진보와 보수가 입장을 달리하여 갈등하는 것은 과거나 지금이나 있을 수 있는 것이다.

  다만 예를 들어 우리나라로 보자면 주변 외세 세력이 호시탐탐 노리고 있는 상황에서는 예외가 있을 수 있다. 우리의 분열이 결국 누군가에게는 침략의 기회가 되기도 하기 때문이다. 그래서 조선왕조는 선조시대 임진왜란을 당했으며, 또한 일제 식민지를 거쳐 해방 이후에는 남북분단의 상황이 되지 않았는가. 우리의 역사는 지금, 무엇을 선택해야 하는지를 늘 외치고 있다. 외생변수를 고려한 선택이 무엇보다 중요하다. 그러나 우리 내부의 미시적 현안에 집착하여 거시적인 것을 고려하지 않는 순간 우리는 누군가의 사냥 대상이 된다는 점을 늘 명심해야 할 것이다.

●
서울 발긔 다래
밤 드리 노니다가
드러자 자리 보곤
가라리 네히어라.
둘은 내해엇고
들흔 뉘해언고.
본디 내해다마른
아자날 엇디하릿고.

이 노래는 8구체 향가인 처용가處容歌로 현대어로 해석을 하면 다음과 같다.

서울의 밝은 달에
밤 늦도록 놀며 다니다가
들어와 자리를 보니

가랑이가 넷이로구나.

둘은 내 것이었고

둘은 누구의 것인가?

본디 내 것이지마는

빼앗은 것을 어찌하겠는가.

— 처용의 〈처용가〉 향가

  이 노래의 작가는 처용處容으로 창작 연대를 확인해 보면 신라 시대로 올라간다. 주술적 성격의 노래로 아내를 범犯한 역신疫神을 쫓는 노래로 벽사진경辟邪進慶 즉, 간사한 귀신을 물리치고 경사를 맞이하는 노래로 연희의 성격을 띠고 고려와 조선 시대까지 전승되었다.

  처용가는 역신疫神을 물리치기 위한 축사逐邪 즉, 사악한 귀신을 쫓는 노래이다. 따라서 이 노래는 집단적인 주술성을 띠고 있다. 이 노래의 전반 4구는 아름다운 아내를 탐한 역신疫神의 침범을, 후반 4구는 역신에 대한 처용의 관용寬容 또는 체념의 의미가 있다. 이와 관련된 설화에 의하면 결국 역신은 처용의 관용, 너그러운 태도에 감복하는데, 이리하여 처용의 형상이 벽사진경辟邪進慶의 효력을 지니게 되었다 한다. 이로 인해, 처용은 무당으로, 처용의 형상을 부적으로 이해되기도 함으로써 이를 무가巫歌로 분류하기도 한다.

이 노래의 절정은 7행과 8행이다. 이는 체념적인 주사呪辭로 볼 수 있으나 오히려 처용의 상황 즉, 초극적인 이미지를 부각시킨 것으로 후대로 오면서 고려가요 등에서 벽사辟邪의 위력으로 발전한 것은 그 의도를 충분히 이해할 만하다. 이를 무가巫歌의 일종으로 보아 악신을 보내는 '뒷전풀이'로 이해하지 않고는 해석의 실마리를 찾을 수 없을 것이다. 무속에서는 악신이라도 즐겁게 하여 보내는 것이 통례이기 때문이다.

우리의 24절기 중에서 동지冬至가 있다. 밤의 길이가 가장 긴 날, 상대적으로 낮의 길이가 가장 짧은 날이다. 특히 이 날은 붉은 팥죽을 먹는 날로 알고 있을 것이다. 동지는 일 년 중 밤이 가장 긴 날인만큼 음기가 강한 날로 알려져 있다. 그 때문에 붉은 양색을 지닌 팥죽을 쒀 먹어 귀신으로부터 몸과 집을 보호하고자 했다고 한다. 예로부터 동짓날이면 붉은색이 잡귀를 쫓는다고 해 동짓날에 집안 곳곳에 팥을 뿌리고 팥죽을 먹으며 무병장수를 기원했다고 한다. 또 찹쌀로 새알심을 만들어, 먹는 사람의 나이만큼 팥죽에 넣어 먹었다. 다음 해가 되는 날 또는 작은설이라 불리는 동지는 이 날을 기점으로 태양이 다시 부활한다는 의미를 갖고 있어, 옛 사람들은 이 때문에 동지가 지나야 한 살 더 먹는다는 말을 하기도 했다고 한다.

샤머니즘을 믿든 믿지 않든 그 어느 때보다 팥죽이 먹고 싶은 이유는 무엇일까. 올해의 좋지 않은 일들을 물리치고 작은 설을 지나 한 살 더 먹고 새로운 새해에는 희망만 가득한 한 해를 맞고 싶은 열망 때문일 것이다. 지금은 누구나 지푸라기라도 잡고 싶은 절박한 심정이다. 이 글을 읽는 모든 이들이 악귀와 액운을 내쫓고 건강과 행운이 가득한 새해를 맞이하길 진심으로 소망한다.

백설白雪이 자자진 골에 구루미 머흐레라.
반가온 매화梅花는 어느 곳에 픠엿는고.
석양夕陽에 홀로 셔 이셔 갈 곳 몰라 하노라.

흰 눈이 잦아진 골짜기에 구름이 험하구나.
나를 반겨줄 매화는 어느 곳에 피어 있는가?
날이 저물어 가는 석양에 홀로 서서 갈 곳을 모르겠구나.

― 《청구영언靑丘永言》에 실린 이색李穡 〈백설이 잦아진 골에〉 시조

이 작품은 일반적으로 우국충정憂國忠情과 봄을 기다리는 마음을 노래한 시조로 해석된다. 내용을 좀 더 분석해 보면 고려의 유신遺臣으로 기울어져 가는 나라를 바라보며 안타까워하는 모습이 보인다. 고려말 조선초의 시대적 전환기에 처한 지식인의 고민을 '석양夕陽에 홀로 셔 이셔 갈 곳 몰라 하노라.'라는 탄식 속에 묻으면서 그래도 어디선가 나타나 주기를 바라는 '매화救國志士'와 연결하여 그 정을

더해 주고 있다.

표현에서는 '백설은 고려 유신, 구름은 신흥 세력인 이성계 일파, 매화는 우국지사, 석양은 기울어져 가는 고려' 등을 상징적으로 나타내었다. '매화'의 원관념은 나라를 걱정하고 구하려는 인재를 의미한다. 조선 건국을 위한 신흥 세력은 날로 팽창하고 고려 왕조는 점점 기울어져 가는 상황에서 왕조를 다시 일으킬 우국지사憂國志士를 기다리는 안타까운 심정이 나타나 있다.

드디어 김포에도 봄이 왔다. 노란 개나리가 피고 하얀 목련이 봄 햇살에 화사하다. 산수유가 꽃망울을 터트리고 진달래와 철쭉이 산을 붉게 물들이고 있다. 분명 봄이다. 그런데 올 봄은 그 어느 겨울보다 춥다. 흥얼거렸던 '꽃바람 휘날리며 흩날리는 벚꽃잎이 울려퍼질 이 거리를 둘이 걸어요' 버스커버스커의 '벚꽃앤딩'을 들을 수 없다. 국가적 재난상황, 아니 전 세계적인 재난상황으로 이탈리아는 만 명의 사망자가 넘어서고 있다. 이란, 중국, 미국 등등 코로나19로 인한 대참사로 전 세계가 재난상황이다. 그래서 겨울보다 더 추운 봄을 보내는 중이다.

이런 상황에 우리에게 반드시 필요한 것은 무엇일까. 매화이다. 우국지사다. 나라를 걱정하고 구하려는 인재가 필요하다. 과연 현재 우리에게 인재는 누구일까? 좀 더 현실적인 이야기를 하면 코로나19 바이러스를 극복할 백신이 절실한 상황이다. 코로나19 변종 바이러스까지 퇴치할 백신 말이다. 아마도 이 백신을 개발하는 이가 구원자가 되지 않을까. 백신 개발자 말고도 또 하나의 매화가 필요한데 지금 어려운 상황, 주변 이웃을 위해 나선 봉사자들이 곧 매화라는 생각을 한다. 그리고 서로 배려하고 연대하는 마음이 곧 이 시대의 매화는 아닐까.

  그렇다. 진정한 봄은 반드시 온다. 그런데 이 봄은 누군가가 만들어주는 것이 아니다. 우리 공동체가 함께 만들어나가야 한다. 서로 배려하고 연대하는 과정 속에 사실 봄은 이미 와 있는지도 모른다. 김포의 봄, 대한민국의 봄, 세계의 진정한 봄이 오길 이 밤 간절히 기도한다.

● 묏버들 골라 것거 보내노라 님의손에
자시는 창窓 밧긔 심거 두고 보쇼셔
밤비예 새닙 곳 나거든 날인가도 너기쇼셔.

산에 있는 버들가지를 골라 꺾어 임에게 보내오니
주무시는 방의 창문가에 심어 두고 보십시오
행여 밤비에 새 잎이라도 나거든 마치 나를 본 것처럼 여기소서.

— 조선시대 기생 홍랑洪娘의 시조

선조 6년 최경창이 북해 평사로 경성에 가 있을 때 친해진 기생 홍랑이 이듬해 최경창이 상경하게 되자, 영흥까지 배웅하고 함관령에 이르러 저문 날 내리는 비를 맞으며 버들가지와 함께 이 노래를 보냈다고 전해지는 노래이다. 임에게 바치는 지순한 사랑을 묏버들로 구상화시켜, 비록 몸은 멀리 떨어져 있어도 임에게 바치는 순정은 묏버들처럼 항상 임의 곁에 있겠다고 다짐한 연정가이다. 움터 나오는 새 잎이 청순가련하고 섬세한 여인의 이미지를 물씬 풍기는 시조로 임에게 보내는 사랑을 노래하고 있다.

시대의 변화에 따라 사랑에 대한 표현 역시 많은 변화가 있다. 기생 홍랑은 산에 있는 버드나무 가지가 곧 사랑의 표현이었다. 심어 둔 버드나무 가지에서 싹이 나면 그것을 자신이라고 생각해 달라는 것, 요즘 사람들 입장에서 보면 얼마나 격세지감을 느낄까.

오늘날 사랑은 그 순수성을 많이 잃었다고 한다. 그리고 많이 물질화 되었다는 비판을 받는다. 결혼 혼수품 중에서 아파트, 자동차, 고가의 금속품들은 기본적인 것에 해당한다. 결혼의 전제 조건이자 필수 조건이 돈이다. 단적으로 사랑만 갖고 과거와 오늘날을 비교해 보면, 과거는 관념의 시대였다면 오늘날은 물질의 시대라고 해도 과언이 아닐 것이다. 그만큼 사랑이라는 관념은 세속화 되었다.

묏버들 하나를 가지고 사랑을 표현할 수 있었던 시대로 역류할 수 있다면 얼마나 좋을까. 아마도 이런 역행은 글쓴이의 상상적 만족으로 끝날 것 같다. 다만 인류가 유지되는 한 과거나 지금이나 남녀 간의 사랑은 계속될 것이다. '춘향전'이나 '로미오와 줄리엣'의 그 원형적 사랑이 현대적 관점으로 재해석되어 향유되는 것처럼 사회적 풍속이 변해도 그 본질은 어느 정도 유지 되지 않을까.

요즘은 빠르게 변화되는 정보통신의 시대다. 사랑의 표현도 그만큼 스마트하게 변하고 있다. 그런데 이런 디지털의 시대에 아날로그적 사랑이 더 로맨틱하게 다가올 때가 있다. 손수 만든 손수건 한 장, 손으로 쓴 편지 한 통, 직접 만든 선물 하나가 작지만 더 큰 감동으로 다가올 때가 있는 이유를 곰곰이 생각해 보는 것은 어떨까.

● 뫼흔 길고길고 물은 멀고멀고
어버이 그린 뜻은 많고많고 하고하고
어디서 외기러기는 울고울고 가느니

산은 끝없이 길게길게 이어져 있고 물은 멀리 굽이굽이 이어져 있구나.
부모님 그리운 뜻은 많기도 많다.
어디서 처량한 외기러기는 울어울어 나의 마음을 구슬프게 하는가.

—고산 윤선도의 연시조 '견회요' 네 번째 수

이 작품은 작자가 30세 때에 권신 이이첨의 횡포를 상소하였다가 함경도 경원으로 유배되었을 때 지은 것이다. 견회요 다섯 수 중에서 유일하게 네 번째 수에서는 고산의 인간적인 면을 엿볼 수 있는데 유배지에서 고향에 두고 온 어버이를 그리는 정이 애절하게 나타나 있다. 그래서 주제를 어버이에 대한 그리움 정도로 표현할 수 있다.

 40년 전 아내와 사별死別하고 혼자 사시게 된 글쓴이의 아버지가 돌아가신 지 벌써 만 7년이 되었다. 그래서 며칠 전 군포에 있는 큰형 댁에 다녀왔다. 벚꽃이 필 때인 이 무렵 아버지가 폐렴으로 돌아가셨다. 이 무렵이 되면 어머니가 돌아가시고 혼자서 외롭게 반생을 사신 아버지, 하늘나라로 가신 아버지가 더 그리워지는 때이다.

 그런데 군포 큰형 댁을 다녀오는 봄밤, 그 여느 해보다 쌀쌀했다. 그런데 그날따라 큰형 댁 아파트에서 올려 본 달과 별은 그 언제보다 더욱 또렷하게 보였다. 아버지와 어머니가 지켜보고 있는 것은 아닐까. 달과 별을 한참 올려 보았다. 시간이 지나면 지날수록 그리운 부모님. 집에 돌아와 생전에 어버이 날 '아버지'라는 한겨레신문에 실렸던 글쓴이의 시를 다시 되뇌며 본다.

 벚꽃이 터지는 봄날
 겨울내내 찾아뵙지 못하다가
 몇 달만에 찾아 뵌 아버지
 도착하자마자 몸부터 더듬어 봅니다
 일흔의 나이를 훌쩍 넘긴 아버지
 아픈 데는 없느냐는 질문에

웃으시며 '늘 같지 머'
주름투성이 얼굴 잇몸뿐인 입
그래도 편한 웃음을 띠며
막내를 맞이해 주십니다

푸르게 물오른 봄과는 다르게
허벅지며 어깨며 배며 손이
전보다 더 앙상하십니다
'잊지 마시고 드세요'
슬쩍 보약을 내밀었습니다
멀쩡한 내 몸이 손이
바쁘다는 핑계로 자식놈 노릇 못한
삶이 왜 이리도 부끄러운지
차를 타고 돌아오는 올림픽대로
멀리 흐르는 한강에
주름투성이의 삶 하얀 당신 얼굴이
자꾸만 떠올라 눈물이 흐릅니다

— 〈아버지〉 한겨레신문

● 논 밭 갈아 기음 매고 뵈잠방이 다임 쳐 신들메고
　낫 갈아 허리에 차고 도끼 버려 두러매고 무림산중茂林山中 들어가서 삭다리 마른 섶을 뷔거니 버히거니 지게에 질머 지팡이 바쳐 놓고 새암을 찾아가서 점심 도슭 부시고 곰방대를 톡톡 떨어 닢담배 퓌여 물고 코노래 조오다가
　석양이 재 넘어갈 제 어깨를 추이르며 긴 소래 저른 소래 하며 어이 갈고 하더라.

　논밭 갈아 김 맨 다음, 베잠방이 댓님 쳐 신들메고
　낫 갈아 허리에 차고 도끼를 챙겨 둘러매고 무림 산중에 들어가서 삭정이 마른 섶을 베거니 자르거니 지게에 짊어지고, 지팡이 받쳐 놓고 샘물을 찾아가서 점심 도시락을 먹고 곰방대를 툭툭 털어 잎담배 피워 물고 콧노래 졸다가
　석양이 재 넘어갈 때에 어깨를 추스리며 긴 소리 짧은 소리 하며 어이 갈까 하더라.

　　　　　　　　　　　— 작자 미상의 사설시조

일반적으로 사설시조는 양반문학이 아닌 서민의 문학이다. 격식을 지키는 정형의 틀을 벗어나 평민의식이 반영되어 긴 형태로 변형된 것이 대부분이다. 이 노래 또한 그래서 농부의 노래로 본다. 논밭에 김을 맨 다음 무렵 산중에 들어가 나무를 하여 지게에 짊어지고 간다. 지팡이 받쳐 놓고 샘을 찾아가 점심 도시락을 먹고 씻으며, 잎담배 피우고 졸다가 석양이 재 넘어갈 때 어깨를 추스르며 긴 노래 짧은 노래를 한다. 이것은 양반 사대부 시조의 격조 높은 품격과는 거리가 먼 농사꾼의 일상사를 노래한 것이다. 이 시조는 사대부 시조의 관념성과 정형성을 파괴하고 그 내용도 생활의 일상에서 취하고 있다. 힘들고 고된 일에서 벗어나 긴 노래 짧은 노래로 흥을 돋는 멋이 숨어 있다. 일상사가 생동감 있게 표현되고 있는 특징을 보여준다.

이런 사설시조를 보면 오늘날 젊은이들에게서 유행하고 노래 형식 중에서 강렬하고 반복적인 리듬에 맞춰 가사를 읊듯이 노래하는 대중음악, 랩(rap)이 연상된다. 가사 전달에 중점을 두고 라임(rhyme)을 타는 노래로 그 내용을 보면 우리 일상의 삶을 노래하는 것이 대부분이라는 공통점, 일반 서민들의 노래라는 점 등등. 여러 가지 면에서 유사성을 갖고 있다.

또한 이 노래를 감상하며 느끼는 여러 정서 중에 하나는 고단한 삶을 살면서도 우리 조상들은 여유를 갖고 있었다는 것이다. 일상의 고된 삶 속에서도 노래를 흥얼거리는 여유는 억지로 한다고 되는 것은 아니었으리라. 그런데 오늘날 우리는 어떠한가. 점점 빨라지는 시대, 무언가 목적에만 매달려 쫓는 삶, 과거 조상들의 삶과는 다른 현대인의 삶, 정말 우리는 잘 살고 있는 것인가 하는 생각을 떨칠 수 없다.

'나는 정말 잘 살고 있는 것인가?'
'우리 정말 잘 살고 있는 것인가?'

오늘은 이런 질문을 해 보는 시간을 갖는 것은 어떨까. 숨차게 앞으로만 질주하는 삶보다는 뒤를 돌아보고 옆도 바라보며 우리 일상에서 의미를 찾는 시간. 나, 우리의 삶에 대한 관조를 해 보는 오늘은 어떨까. 석양이 고개를 넘어갈 때 어깨를 추스리며 긴 노래, 짧은 노래하며.

●

불휘 기픈 남간 바라매 아니 뮐쌔 곶 됴코 여름 하나니
새미 기픈 므른 가므래 아니 그츨쌔 내히 이러 바라래 가나니

뿌리가 깊은 나무는 아무리 센 바람에도 움직이지 아니하므로, 꽃이 좋고 열매도 많으니.
샘이 깊은 물은 가물어도 끊이지 않고 솟아나므로, 내가 되어서 바다에 이르니.

— 〈용비어천가龍飛御天歌〉 2장, 악장

용비어천가龍飛御天歌는 왕들이 태어나 나라를 세운 이야기를 담은 노래로 작자로는 권제[한역시], 정인지[서문], 안지[한역시], 최항[발문]과 주해자로 최항, 박팽년, 신숙주, 이개, 강희안, 성삼문, 이선로가 함께 한 공동작이다. 이 글을 쓴 동기는 조선 건국의 정당성을 밝히기 위해 육조 창업 과정에 있었던 하늘의 뜻을 제시하고, 중국 사

적과의 일치점 강조, 신하의 충성 촉구하고 후대 왕에 대한 권계勸戒를 위해 창업 과정에서 선조들이 겪은 간난신고艱難辛苦를 밝혀 후대의 임금에게 왕통 확립 책임을 부여하며 훈민정음으로 기록된 최초의 문헌이며 훈민정음을 시험해 보기 위한 것으로 그 실용성 여부, 문자로서의 권위를 부여하기 위하여 창작하였다.

사실 용비어천가를 읽으면 그 의미도 생각하지만 훈민정음 즉, 한글에 대한 생각을 많이 하게 된다. 한글로 기록된 최초의 문헌이기에 그렇다. 얼마 전 10월 9일은 574돌 한글날이었다. 그래서 얼마 전에 끝난 임시회에서 5분 발언을 했다. 1940년부터 훈민정음 해례본이 발견되고 이에 근거해 훈민정음을 반포한 날을 양력으로 바꾸면서 10월 9일을 한글날로 정하였다. 일제 식민지에서 한글을 지키고 한글날을 기념하는 것은 그 자체가 독립운동이었다. 엄혹한 일제 강점기인 1933년에 조선어학회가 발표한 '한글맞춤법 통일안' 작성에 참여했던 외솔 최현배 선생이 일제 강점기에 붓으로 썼다는 '한글이 목숨'이라는 글이 떠오른다.

그런데 요즘 새로운 건물이 들어서고 새로운 도시가 형성되는 곳곳을 다니다보면 한글 간판보다는 영어, 일본어 등 외래어가 남발되고 있다. 또한 일상에서는 줄임말, 신조어, 약어 등 국적 모를 말들이 넘치고 있는 현실이다. 특히 이번 한글날에 즈음 국립국어원에서는 의학과 관련된 용어들에 대해 외래 용어가 남발되고 있음을 지적

한 바 있다. 국민들의 건강, 생명과 관련된 분야에서는 더욱 더 빠르게 이해 할 수 있는 순화된 쉬운 우리말로 표현하여 누구나 소외되지 않아야 함을 강조하였다. 그래서 펜더믹은 세계적 유행으로, 에피데믹은 유행으로 고쳐 쓸 것을 권고하고 스니즈 가드는 침방울 가림막으로, 엔택트 서비스는 비대면 서비스, 뉴노멀은 새 기준, 새 일상으로 코호트 격리는 동일집단 격리, 위드 코로나 시대는 코로나 일상, n차 감염은 연쇄 감염으로 어려운 한자어인 비말은 침방울, 의사환자는 의심환자, 지표환자는 첫 확진자로 고쳐 사용해 주길 당부하였다.

뿌리가 깊은 나무는 아무리 센 바람에도 움직이지 아니하므로, 꽃이 좋고 열매도 많으니. 샘이 깊은 물은 가물어도 끊이지 않고 솟아나므로, 내가 되어서 바다에 이른다. 언어의 뿌리, 샘은 바로 한글이다. 문화의 샘이자 뿌리는 한글이다. 우리의 정체성 그 샘과 뿌리는 한글임을 잊지 말아야겠다.

● 밝가버슨 아해兒孩들리 거미쥴 테를 들고 개천으로 왕래往來하며, 밝가숭아 밝가숭아 져리 가면 죽느니라. 이리 오면 사느니라. 부로나니 밝가숭이로다.

아마도 세상世上 일이 다 이러한가 하노라.

발가벗은 아이들이 거미줄 테를 들고 개천으로 오락가락 하며, "발가숭아, 발가숭아, 저리 가면 죽는다. 이리 오면 산다."고 부르는 것이 발가숭이로다.

아마도 세상 일이 다 이런 것인가 하노라.

— 작자 미상

일반적으로 사설시조의 내용상 특징은 해학성과 풍자성이라 할 수 있다. 이 시조에서도 어린 아이가 잠자리를 잡는 단순한 놀이에 풍자성을 가미하여 서로 모해하는 세상일을 나타내고 있다. 어린애들이 잠자리를 잡으려고 자기에게로 와야 산다고 한 것은 역설적인 것이다. 왜냐하면 잠자리가 살기 위해서는 어린애들로부터 멀리 도망가야 하기 때문이다. 세상 일이 모두 이와 같다는 소박한 표현 속에 깊은 생활 철학이 담겨 있다. 여기서 '발가숭이'는 어린아이와 잠자리의 뜻으로 중의적으로 비유되고 있다. 이 노래는 결국 발가벗은 아이들의 놀이를 통해 서로 모해謀害하는 세상일을 풍자하고 있다.

모해謀害라는 말은 모략을 써서 해롭게 한다는 의미이다. 이 노래 중장의 내용을 잘 살펴보면 쉬운 말로 거짓말을 하는 것을 뜻한다. 잠자리는 저리 달아나면 살지만 이리 오면 잡혀서 놀잇감이 되거나 결국 아이들로부터 죽임을 당하게 될 것이 뻔하다. 필자는 이 시조를 감상하면서 여러 가지 생각이 들었다.

오늘날만 거짓말과 모해가 판치는 세상이 아니라 과거에도 그러했다는 것이 새삼스러웠다. 오늘날보다는 거짓말과 모해가 덜 했겠지만 이런 세태를 풍자함으로 거짓말과 모해가 더 생기지 않기를 바라는 소망이 작품의 바탕에 깔려 있는 것은 아닐까 한다. 그런데 문제는 요즘이다. 오늘날이다.

얼마 전 국회의원 선거가 끝이 났다. 정치적인 이슈가 차고 넘치는 시기를 우리는 함께 경험했다. 그러면서 언론을 빙자한 가짜뉴스가 판치는 모습을 보면서 사실 왜곡이 얼마나 심각한지 또한 경험했다. 정정당당해야 한다. 어떤 목적을 달성하기 위해 거짓을 퍼트리고 그것이 진실인 양 가면을 쓰고 있는 모습에 일반인들은 혼란을 느꼈을 것이다. 그래서 여론을 호도하여 정치적 목적을 달성하려는 아해와 같은 언론인, 정치인들은 심판을 받아야 한다.

단적인 예로 코로나19를 대응하는 정부에 대한 왜곡歪曲이 매우 심각했다. 다행히도 외신, 즉 세계 여론이 대한민국의 코로나19 대응을 잘 하고 있다는 보도로 대한민국 시민들은 왜곡된 국내 언론을 믿지 않게 되는 계기 되었다. 결국 시공간을 떠나 다시 한번 진실은 언제나 드러나게 된다는 진리를 경험하는 순간이었다.

개인과 개인의 관계에서도 마찬가지이다. 거짓, 모략이 순간을 이길지라도 결국 거짓은 진실을 이길 수 없다. 어둠은 빛을 이길 수 없다. 그것이 진리다.

- 나모도 바히돌도 업슨 뫼헤 매게 쪼친 가토리 안과

　대천大川 바다 한가온대 일천석一千石 시른 배에 노도 일코 닷도 일코 뇽총도 근코 돛대 도 것고 치도 빠지고 바람 부러 물결 치고 안개 뒤섯계 자자진 날에 갈 길은 천리만리千里萬里 나믄듸 사면四面이 거머어득 져뭇 천지적막天地寂寞 가치노을 떤는듸 수적水賊 만난 도사공都沙工의 안과

　엇그제 님 여휜 내 안히야 엇다가 가을하리오

　나무도 바윗돌도 없는 산에 매에게 쫓기는 까투리의 마음과

　대천 바다 한가운데 일 천석 실은 배에 노도 잃고 닻도 잃고 용총줄도 끊어지고 돛대도 꺾이고 키도 빠지고 바람 불어 물결치고 안개 뒤섞여 잦아진 날에 갈 길은 천리 만리 남았는데 사면이 검어 어둑하고 천지 적막 사나운 파도치는데 해적 만난 도사공의 마음과

　엇그제 임 여읜 내 마음이야 어디다 견주어 보리오.

─ 작자 미상의 사설시조

'삼한三恨' 혹은 '삼안[三爫]'이라고 알려진 이 작품은 '안'이라는 말로 마음을 나타내면서 세 가지 절박하기 그지없는 마음은 어디다 비할 데도 없다고 하였다. 맨 마지막으로 엊그제 임을 여읜 자가 마음을 말하기 위해서 다른 두 가지를 가져와 놓고서 비할 데가 없다는 것으로 해서 그 둘이 각기 독자적인 의미를 갖도록 개방해 버렸으니 비유를 사용하는 방법치고 기발하지 않을 수 없다.

매에 쫓긴 까투리는 '토끼전'에서 용궁을 탈출한 다음에 다시 시련에 부딪친 토끼를 연상하게 한다. 대천 바다에서 배가 부서지고, 날씨는 험악해지는 판국에 수적 즉, 해적까지 만난 도사공의 경우는 시련의 극치로 느껴질 만큼 거듭 묘사되어 있다. 표현에서 사설시조에서 일반적으로 쓰이는 열거법과 과장법을 활용하고 비교법, 점층적 수사법을 이용하여 임과 이별한 절망적 슬픔이라는 주제를 효과적으로 표현하고 있다.

이런 위기의 상황을 고사로 표현하면 사면초가四面楚歌, 설상가상雪上加霜이라고 할 수 있을 것이다. 아마도 작든 크든 이런 위기의 상황을 경험해 보지 않은 사람은 적을 것이다. 인생의 어려운 상황이 한두 번이겠는가. 지금 전 세계적으로 코로나19로 인한 확진자와 사망자가 예상보다 많아지고 있다.

다른 나라에 비해 나은 상태라고 할 수 있는 우리나라만 하더라도 5월 4일 0시 기준, 확진자는 1만 801명, 사망자 252명이다. 다행

이도 그 숫자가 확연하게 줄어들고 있지만 먹고 사는 문제인 경제적 상황은 쉽게 회복될 것 같지 않다는 전망이다. 물론 이 역시도 다른 나라에 비하면 상대적으로 훨씬 나은 상황임은 분명하다. 국가와 지자체가 경제적 어려움을 겪는 입장에서 재난기금을 지원하고 발 빠르게 움직이고 있어 다행이긴 하다.

고전 속에 길이 있다

예전부터 좋은 일보다는 힘든 일, 어려운 일은 소문을 내라는 얘기가 있다. 혼자보다는 십시일반十匙一飯, 함께 일을 해결해 나가는 지혜가 모아지면 좀 더 쉽게 극복할 수 있는 경우가 많다. 지금은 분명 세계가, 우리나라가 위기이다. 혼자가 아닌 함께 힘과 지혜를 모아 사면초가四面楚歌, 설상가상雪上加霜의 상황을 극복해 나가야 한다. 한 방울의 바닷물은 투명할 뿐이다. 그러나 바닷물이 모아지면 푸른빛을 띤다. 혼자가 아닌 함께 하면 절망도 푸른 희망의 빛을 띤다. 함께 힘과 지혜를 모으면 이 위기를 극복할 수 있다.

● 십년十年을 경영經營하여 초려삼간焦慮三間 지여 내니,
나 한 간 달 한 간에 청풍淸風 한 간 맛져 두고,
강산江山은 들일 듸 업스니 둘러 두고 보리라.

십 년이나 기초를 닦아서 보잘 것 없는 초가를 지어내니,
나 한 칸, 달 한 칸과 맑은 바람도 한 칸을 맡겨두고,
청산과 맑은 강은 들여 놓을 곳이 없으니 주위에다 둘러 두고 보리라.

— '면앙정가俛仰亭歌'라는 가사를 쓴 면앙俛仰 송순의 대표적인 시조

자연의 아름다움에 몰입한 경지를 노래한 '한정가'이다. 또한 물아일체物我一體의 자연 친화를 통해 안분지족安分知足의 삶의 지혜를 터득한 작자의 높은 정신세계를 보여 주고 있는 글로 전원적이며 풍류적 성격의 노래이다. 이 시조의 주제는 자연에의 귀의 또는 고사로 표현하면 안빈낙도安貧樂道라고 할 수 있다.

자연은 공짜가 아니다. 특히, 아름다운 자연은 그냥 주어지는 것이 아니다. 십 년을 경영한다는 것은 여러 가지 해석이 가능하지만 기본적으로 오랜 시간을 준비하거나 계획을 한다는 의미이다. 그렇게 오랜 시간을 준비하여 자연 속에서 지낼만한 초가집 세 칸을 준비하여 자연과 더불어 소박한 삶을 살겠다는 다짐을 하는 작가 송순을 통해 지금 우리의 삶과 비교해 보면 어떨까.

5월, 코로나19로 인한 답답한 마음을 미세먼지 없는 파란 하늘과 맑은 공기, 주변의 아름다운 봄의 풍경으로 우리는 크게 위로받고 있다. 올해는 특히, 미세먼지 수치가 그리 나쁘지 않다. 여러 이유가 있겠지만 중국이 코로나19로 인해 공장이 멈춰서 중국으로부터 유입되는 미세먼지가 줄어들었다는 분석과 봄에 부는 바람의 방향이 바뀌었다는 분석도 있다. 코로나19로 숨 막히는 고통을 그나마 좋은 날씨, 자연이 씻어주고 위로해 주고 있는 상황이다.

십 년을 준비한 송순은 세상 사람들이 비웃을 수 있는 초가집 세 칸을 준비했다. 그리고 강과 산은 그냥 그 자리에 놓고 내가 자연 속에 들어가서 자연에 맞춰 살겠다는 것이다. 우리가 인간의 편의를 위해 자연을 거스르는 것이 아닌 자연에 맞춰 인간이 살아가는 것을 강조한 송순의 뜻을 오늘날의 우리는 그 어느 때보다 깊게 생각해 보아야 한다. 극단적 이기심과 물신주의로 인해 결국 부메랑이 되어 우리가 만든 각종 환경 오염물들은 인간의 생명을 위협하는 단계까지 왔다.

　화창한 주말, 한강에 나가는 사람들이 많아졌다. 그리고 김포의 장릉공원도 부쩍 입장객이 늘었다. 멀리 가지 않더라도 나무가 있고 숲이 있는 아파트 주변이나 산책로에는 더욱 사람들이 모인다. 분명, 공기는 공짜가 아니다. 나무도 꽃도 공짜가 아니다. 우리가 면앙의 글처럼 계획하고 노력을 해야 얻을 수 있는 것이며 힘의 논리로 지배하고 지배당하는 것이 아닌 자연을 가장 자연스럽게 흐르는 대로 놓아두는 것이 가장 아름다운 것임을 잊지 말아야겠다.

●

오백 년五百年 도읍지都邑地를 필마匹馬로 도라드니,
산천山川은 의구依舊하되 인걸人傑은 간 듸 업다.
어즈버 태평연월太平烟月이 꿈이런가 하노라.

이 작품은 고려 말과 조선 초까지 살았던 길재(吉再, 1353~1419)의 작품으로 길재는 고려의 유신遺臣, 호는 야은冶隱으로 조선 개국 후 태상박사에 임명을 받았으나 고려에 대한 충절을 지키기 위해 거절하고 고향에 내려가 후진 교육에 전력하였던 인물이다. 길재의 이 작품은

   오백 년이나 이어온 고려의 옛 서울 즉, 개성에 한 필의 말을 타고 들어가니
   산천의 모습은 예나 다름없으나 인걸은 간 데 없다
   아, 슬프다. 고려의 태평한 시절이 한낱 꿈처럼 허무하다.

는 내용의 노래이다.

고려 왕조 멸망의 한恨을 노래한 회고가懷古歌 중 대표적인 작품으로 '고려 유신의 외로운 신세'와 '흥성했던 고려 왕조'를 '필마'와 '태평연월'로 '무상감'을 '꿈'으로 각각 비유하였다. '산천山川은 의구依舊하되 인걸人傑은 간 듸 업다.' 즉, 산천의 모습은 예나 현재에 변함이 없으나 인걸은 없다는 것을 통해 옛 고려의 신하들은 사라졌음을 한탄하는 내용이다. 대조법을 사용하여 무상감無常感을 느끼게 하여 두보의 '춘망春望' 중에서 '국파산하재國破山河在, 나라는 폐허가 되었으나 산과 강만 옛 모습 그대로이고 성춘초목심城春草木深, 성안에 봄이 왔으나 풀과 나무만 무성할 뿐이로구나.'를 연상시키는 대목이다. 이 시조는 고려 유신의 회고가回顧歌로 고려 왕조의 회고回顧를 중심 내용으로 하고 있다.

화자는 외롭게 한 마리의 말을 타고 옛 수도인 개성에 왔다. 그런데 화자의 눈에 들어 온 것은 과거나 지금이나 오백년 동안 변함없는 강과 산이었다. 즉, 산천은 그대로 있는데 과거의 인재들은 사라지고 없는 현실에서 삶에 대한 무상감을 느끼고 있는 것이다.

오늘은 5·18이다. 1980년 5월 18일에서 지금 2020년 5월 18일, 무려 40년이라는 시간이 지났다. 물리적 시간이 변화하면서 5·18에 대한 의미는 점차 민주화운동으로 국가의 공식적 행사로 자리매김이 되어 가고 있다. 그러나 아직도 그 진상규명은 정확하게 밝혀지고 있지 않은 채 책임자에 대한 처벌도 미진한 상황이다. 시간이 지나면서 억울한 희생자들은 이 생을 한 분 두 분 마감하고 있다. 희생의 가치도 제대로 자리매김 되지 않고 삶을 마무리하고 있는 현실이다.

5·18 50주년, 100주년이 되었을 때, 그해 봄이 되었어도 제대로 된 진상규명이 밝혀지지 않고 책임자에 대한 처벌도 제대로 되지 않았을 때, 우리 후손들은 우리들을 어떻게 생각할까. 이제 우리에게 그렇게 넉넉한 시간적 여유가 있는 것은 아니다. 분명 지금, 우리는 5·18을 어떻게 후손들에게 물려주어야 할지 진지한 고민을 해야 할 때이다.

시간이 지나 허무한 꿈으로만 인식된다면 고작 허무 의식만이 후손들에게 주어진다면 무책임한 조상이 되는 것은 아닌가. 그런 비판을 받지 않기 위해 우리는 지금 무엇을 해야 할까. 40주년을 맞는 나와 우리에게 질문을 던져 본다.

3
있으렴 부디

●

踏雪野中去 답설야중거
不須胡亂行 불수호난행
今日我行跡 금일아행적
遂作後人程 수작후인정

눈 내린 들판을 걸어 갈 때
함부로 어지러이 걷지 마라
오늘 내가 남긴 발자국이
뒤에 오는 사람의 길이 되리니

— 서산대사의 〈답설야중거踏雪野中去〉

　백범 김구 선생의 좌우명이기도 한 이 한시를 이번 정례회 임시회 5분 발언에 인용을 하였다. 발언한 내용을 짧게 요약을 하면 대략 다음과 같다.

"앞으로 김포시의 2035 도시기본계획에 의하면 2035년에 김포시 인구는 70만 명 이상을 예상하고 있다. 이에 따라 택지 개발이 승인되어 진행되었거나 현재 진행 중인 개발사업과 앞으로 계획 중인 다수의 개발 사업이 있다. 그런데 지난 많은 택지개발에서 도시기반시설 부족으로 여러 문제점이 예상될 수 있었음에도 불구하고 충분한 숙고를 하지 않은 채 진행하여 돌이킬 수 없는 심각한 현실의 문제가 되고 있다.

김포시 도시철도 골드라인이 고작 2량의 고정된 플랫폼으로 설계하고 완공되어 운행되고 있다. 그런데 이것을 결정할 당시에는 철도사업비 증가와 운행시격 조정 등 다양한 이유로 적정했는지 모르지만 김포시 인구 46만 명, 이후 70만 명의 대도시로 인구가 증가하는 상황에서 3량, 4량으로 더 증차하지 못하는 설계는 행정기관의 잘못된 결정이라는 시민들의 볼멘 비판의 소리를 들을 때마다 매우 안타깝다.

그런데 이 같은 모습이 교육 분야에도 나타나고 있다. 한강신도시의 학생 수요에 대한 예측이 적절하지 못했기에 생기는 과밀학급의 문제, 또한 장기동의 원거리 중학교 배치문제, 고촌읍 신곡 6지구의 중학교 부족과 이에 따른 원거리 중학교 배치 문제 등도 과거에서 미래를 제대로 예상 못한 행정기관의 잘못된 결정으로 지금의 주민들이 피해를 보고 있다는 여론이 지배적이다.

김포시 14개 읍면동에서 최근 인구 증가가 가파르게 늘어나고 있는 고촌읍에는 초·중 통합학교 1개교, 초등학교 4개교, 중학교가 2개교, 고등학교가 1개교가 있다. 새롭게 택지개발이 된 아파트가 입주가 되면서 최근 인구가 급증하고 있는 상황이다. 이를 고려하여 두 개의 중학교인 신곡중학교, 고촌중학교는 임시방편으로 각각 8개 교실을 증축하였다. 그러나 이후에 신곡6지구 캐슬엔파밀리에 아파트 3단지까지 합하면 48번 국도를 기준으로 신곡지구는 총 8,466세대가 넘는 상황에서 중학교는 고작 1개교이다.

50만 명, 60만 명, 70만 명 인구 증가에 따른 자족도시로 갖추어야할 필수 시설인 교통시설, 학교, 주차장, 전력 및 상하수도시설, 쓰레기처리 시설 등등을 계획하는데 큰 그림 속에서 빠지는 항목이 없게 그리고 인구수에 걸맞게, 면밀하게 계획해야 한다. 그래서 이후 인구 증가에 따른 대응을 임기응변이 아닌 더욱 섬세하고 계획적인 행정대응을 할 수 있도록 해야 한다."

김포뿐만 아니라 우리나라, 기초단체, 광역단체 의원 그리고 우리나라 국회의원, 대통령을 비롯한 선출직과 장,차관 등의 모든 공직자의 판단은 무엇보다 신중해야 한다. 철도나 다리를 놓고 도로를 만들 때, 또 학교와 같은 학생들의 배움터를 계획할 때, 하나의 마을과 도시를 디자인할 때 마음으로 되새겨야 할 말이다. "눈길을 걸을 때 함부로 걷지 마라. 오늘 내가 남긴 발자국이 뒷사람의 길이 되리니" 즉 앞서가는 이가 새길을 바르게 만들어가야 뒤에서 오는 사람이 불편하지 않고 기꺼이 그 길을 걷게 된다. 두 번 세 번 되새겨도 부족하지 않은 귀한 글귀이다.

● 말 업슨 청산靑山이오, 태態 업슨 유수流水로다.
갑 업슨 청풍淸風이오, 님자 업슨 명월明月이라.
이 중中에 병病 업슨 이 몸이 분별分別 업시 늘그리라.

   말없이 푸르기만 한 것은 청산이요, 모양 없이 흐르기만 하는 것은 흐르는 물이로다.
   값이 없는 것은 맑은 바람이요, 임자 없는 것은 밝은 달이라.
   이 아름다운 자연에 묻혀 사는 병 없는 이 몸이 근심 없이 늙으리라.

―성혼의 시조

  말 없는 청산과 모양이 없는 유수를 벗하며 세속의 명리名利보다는 학문에 뜻을 두고 살아가는 옛 선비들의 생활상을 엿볼 수 있다. '업슨'이라는 시어의 반복이 표현 기교를 돋보이게 하는 작품으로 풍류적, 전원적, 달관적 성격의 시조로 한정가閑情歌로 볼 수 있다. 비슷한 구절의 반복을 이용한 대구법과 사물을 사람처럼 표현하는 의인법을 활용하여 자연을 벗 삼는 즐거움, 자연에로의 귀의로 더불어 살고 싶은 마음을 표현하고 있다.

조선 시대의 사대부들은 자연에서 정신적인 안식을 찾고자 했다. 그들에게 자연은 멋과 풍류를 즐길 수 있는 공간이고 이 작품에서처럼 속세의 어지러움과 대비되는 탈속적 공간이며, 전원의 구체적 생활공간이었다. 이처럼 그들은 자연 속에서 자연의 일부로 살아가며 자연과의 조화로운 삶을 추구했다. 이 작품은 사대부의 자연에 대한 의식이 가장 잘 드러나 있는 전형적인 시조이다.

오늘날에도 노년을 건강하게 자연과 함께 살고 싶은 소망을 갖고 있는 분들이 참 많다. 요즘 시청률이 가장 높은 프로그램 중에서 '나는 자연인다'라는 프로가 있다. 아마도 병 없이 자연과 더불어 사는 모습을 가장 대표적으로 보여주는 프로가 아닌가 한다. 각박한 현실 생활에서 스트레스를 받아 지치고 지친 현대인들이 가고 싶은 곳, 살고 싶은 곳은 곧 자연적 공간이다. 거기에서 스트레스를 풀고 병을 치유하고 자연과 조화를 이루며 사는 것이다. 그런 삶을 다른 어떤 프로그램보다 더 자연스럽게 보여주고 있기에 많은 현대인들이 시청하는 것은 아닐까 한다.

지금과 같은 인구 증가 추세라고 한다면 2021년이면 김포시는 인구 50만 시대에 접어들 것으로 예상된다. 돌이켜보면 복잡한 서울에 살다가 2002년 자연을 만끽할 수 있는 김포로 이사를 했다. 큰 결심을 하고 김포를 선택하여 이사를 오게 된 계기는 자연친화적 환경에서 아이를 낳고 키우기 위해서였다.

  20년이 지난 김포는 그때와 비교해 보면 상전벽해桑田碧海처럼 변화하였다. 물론 좋아진 점도 있지만 가장 아쉬운 점은 환경이다. 최초에 김포에 왔을 때의 자연적 모습이 도시화되면서 주변에 똑같은 아파트가 다수 세워지고 우리 주변의 자연친화적인 환경이 사라지고 있다는 점이 그 무엇보다 아쉽다. 지금이라도 자연과 인간이 조화로운 삶을 살 수 있는 김포가 되었으면 한다. 결국 특별한 공간, 자연으로 귀의하기보다 우리가 살고 있는 공간을 자연과 조화로운 공간으로 잘 조성하여 더욱 자연적 공간으로 만들면 어떨까.

  아마도 앞으로 점점 도시화, 기계화가 빠르게 될수록 자연은 그 자체로 그 어떤 가치와도 바꿀 수 없는 퀄리티(quality)가 될 것이다. 더 늦기 전에 이 보물을 보존하고 어떻게 우리 일상에서 조화롭게 공존공생共存共生해야 할지 깊은 고민을 해야 한다. 더 늦기 전에.

●

　귀뚜리 져 귀뚜리 어엿부다 져 귀두리,
　어인 귀뚜리 지는 달 새는 밤의 긴 소리 쟈른 소리 절절節節이 슬픈 소리 제 혼자 우러예어 사창紗窓 여윈 잠을 살드리도 깨오는고야.
　두어라, 제 비록 미물微物이나 무인동방無人洞房에 내 뜻 알리는 저뿐인가 하노라.

'귀뚜라미 저 귀뚜라미, 불쌍하다 저 귀뚜라미,
　어찌된 귀뚜라미가, 지는 달 새는 밤에 긴 소리 짧은 소리, 마디마디 슬픈 소리로 저 혼자 계속 울어, 비단 창문 안에 깊이 들지 않는 잠을 잘도 깨우는구나.
　두어라, 제가 비록 미물이지만 독수공방하는 나의 뜻을 알 이는 저 귀뚜라미뿐인가 하노라.

― 작자 미상의 사설시조

임이 그리워 전전반측輾轉反側하는 처지를 귀뚜라미에 의탁依託하여 노래한 것으로 순수한 감정이 그대로 노출된 작품이라 할 수 있다. 사랑하는 임을 그리워하는 마음을 귀뚜라미에 의탁하여 밤을 외로이 지새우는 규방閨房 여인의 섬세한 마음으로 잘 묘사한 작품이다. 귀뚜라미라는 대상에 화자의 감정이 이입되어 그리움의 정한情恨을 우의적으로 표현하였다. 이 시조의 주제는 독수공방의 외롭고 쓸쓸함이라고 할 수 있을 것이다.

이제 5월도 얼마 남지 않았다. 계절은 봄의 끝자락, 늦봄이다. 요즘 저녁 무렵 도심의 주변으로 살짝 벗어나 길을 걷거나 잠시 차를 세워 멈추고 귀를 쫑긋하게 세워 들어보면 여러 소리가 있다. 특히 도심에서는 들을 수 없는 개구리 소리가 요란하다. 그리고 갖은 풀벌레 소리가 봄밤의 정취를 더욱 느끼게 하여 한껏 밤의 감성에 빠지게 한다. 깜깜한 밤의 매력은 소리이다. 이런 봄이 지나고 여름이 되면 더 선명하게 들리는 소리가 있다. 바로 귀뚜라미 소리이다.

이 시조의 종장을 보면 무인동방無人洞房의 처지에서 자신의 뜻을 알아주는 유일한 이가 귀뚜라미밖에 없다고 말하고 있다. 이렇게 감정을 이입하여 자연적 대상을 사람으로 생각하고 자신의 외로운 처지를 위로받을 수 있는 것, 이것은 결국 외로운 처지의 화자가 자신의 마음을 열어서 귀뚜라미와 동병상련同病相憐의 입장으로 생각하였기에 가능한 것이다. 작든 크든 부정적인 처지가 되면 대부분의 사람들은 먼저 마음을 닫게 된다. 그리고 극단적인 선택을 하는 경우도 있다. 그래서 중요한 것은 언제나 오픈 마인드(open mind)이다.

닫힌 귀, 닫힌 눈, 닫힌 입, 닫힌 감각과 마음은 변화가 없다. 변화가 없다는 것은 고여 있는 것, 그것은 정체다. 외로운 처지가 오래될수록 세상과 자아를 염세적으로 바라보게 된다. 늘 귀를 열고 눈을 열고 입을 열고 모든 감각을 열어라. 무엇보다 마음을 열어라.

열려 있어야 문제든, 갈등이든 풀어지고 해소된다. 개인적인 일부터 공적인 일까지 오픈 마인드(open mind)가 중요하다. 열린 마음만이 새것을 받아들이고 더 건강한 자아와 진전된 조직, 진보하는 사회를 만들어갈 가능성이 있다. 마음을 열면 놀랍게도 귀뚜라미와도 이야기를 나눌 수도 있다. 나의 변화, 사회의 변화, 세상의 변화, 그 시작은 바로 열린 마음으로부터!

•

이시렴 브디 가겠느냐? 아니 가지는 못하겠느냐?
무단無端이 슬튼야 남의 말을 들었느냐?
그려도 하 애도래라, 가는 뜻을 닐러라.

있어 달라. 부디 가겠느냐? 아니 가지는 못하겠느냐?
공연히 내가 싫어졌느냐? 남이 권하는 말을 들었느냐?
그래도 너무 애달프구나. 가는 뜻이나 분명히 말해 보려무나.

― 조선 성종의 시조

임금이 신하에게 바친 유일한 노래이다.

성종 때 유호인이라는 신하가 고향에 계신 늙은 어머니를 봉양하기 위해 벼슬을 사임하고 고향으로 내려가게 되자 임금 즉, 성종이 여러 번 만류하다가 할 수 없이 친히 주연을 베풀어 술을 권하면서 읊은 작품이다. 총애하는 신하를 꼭 곁에 두고자 하는 군주의 간곡한 신하에 대한 사랑의 정이 넘쳐흐르는 작품이다. 군신 관계를 초월한 성종의 인간다운 면모가 잘 드러나 있다. 중장의 시어 '무단無端'은 '아무 까닭 없이', '공연히'라는 의미이다. 이 작품은 신하를 회유하고 있어 회유적回遊的 성격의 노래이며 군신유의君臣有義의 의미를 엿볼 수 있는 작품이기도 하다. 주제는 신하를 떠나보내는 임금의 애달픈 마음 즉 석별惜別의 정이다.

조선 봉건주의 사회에서 임금까지 회유를 한 유호인, 그는 어떤 인물일까. 대략적으로 살펴보면 세종 27년(1445년)에 경상남도 함양군에서 출생한 작가는 세조8년(1462년) 임오년에 생원·진사시에 합격하고, 성종3년 점필재, 김종직을 따라 두류산을 유람하였다. 성종 5년(1474년) 갑오년에 문과에 급제하여 승문원 정자가 된다. 성종7년에 봉상시 부봉사, 홍문관 박사가 된다. 성종10년(1479년)에 홍문관 수찬이 되고 그 해 거창현감으로 제수된다. 성종13년(1482년) 부친상을 당하고 여름에 황산곡집을 쓰고 성종18년(1487년) 모친의 봉양을 위해 사직을 했으나, 그 해 의성현령이 되어 4년 이상 봉직하는 등 성종의 총애를 받은 인물이다. 이후 홍문관 교리, 사헌부 장령, 합천 군수 등을 역임한 후 성종 25년(1494년) 4월 지병으로 생을 마감하게 된다.

조선시대라고 하면 임금의 명령과 신하의 복종 관계 즉, 수직적 관계의 군신 관계로만 알고 있는 경우가 많다. 그러나 이 글은 성종의 글로 신하 즉, 유호인에게 구애를 하는 것처럼 보인다. 그런데 신하는 다른 것이 아닌 자신의 늙은 어머니 봉양을 이유로 벼슬을 사임한다. 임금과 부모가 같은 격이었던 유교사회인 조선시대에 이런 상황은 참 흥미롭다. 결국 유호인은 어머니를 선택하게 되지만 그 기간은 그리 오래 지속되지는 못 한다.

임금이 신하에게 바친 유일한 시조인 이 작품을 보면서 유호인이 어떤 인물인지 확인하는 것도 중요하지만 또 한편으로는 그보다 성종의 신하를 대하는 태도에 주목이 된다. 그 어느 시대보다 권위가 살아있던 유교 사회에서 성종의 태도는 파격이었다. 적어도 신하 유호인에게 만큼은 탈권위적이었다고 평가할 수 있을 것이다.

단순히 자신을 위한 것이라기보다 나라에 필요한 인재 등용을 위해 이렇듯 임금은 한없이 낮아질 수도 있다는 것. 백성을, 국민을 위한 것이라면 권위는 권위 따위가 될 수 있어야 한다. 역설적이게도 그럴 때 임금의 권위는 더 높아지는 것이다. 오늘날 권력을 쥐고 휘두르는 선출직 권력자들에게 이 시조를 권한다.

댁들에 동난지이 사오. 져 쟝스야, 네 황후 그젓이 무서시라 웨는다, 사쟈.

외골내육外骨內肉, 양목兩目이 상천上天, 전행후행前行後行, 소小아리 팔족八足 대大아리 이족二足, 청장淸醬 아스슥 하는 동난이이 사오.

쟝스야, 하 거복이 웨지 말고 게젓이라 하렴은.

여러 댁들이여, 동난지를 사시오. 저 장수야, 네 파는 상품을 무엇이라 외치느냐? 그 물건을 사자.

껍데기는 딱딱하고 속에는 연한 살이 있으며, 두 눈은 하늘을 향하고, 앞으로 갔다 뒤로 갔다. 작은 다리 여덟 개에다 큰 다리가 둘이라, 씹으면 청장이 아스슥 소리가 나는 동난지 사시오.

장수야, 그렇게 거북하게 외치지 말고 쉽게 게젓이라 외치려무나.

— 작자 미상의 사설시조

이 사설시조는 평민의 생활 감정을 담은 익살맞은 시조로 게젓 장수와의 대화로 기록되었다. 서민 문학으로서의 사설시조에서 평민 작자의 대담한 문학 정신을 찾아볼 수 있는 작품이다. 대화 형식에다가 재담과 익살로 엮어진 점과 상거래의 내용을 보여 준 것이 다른 사설시조와의 특이점이라 할 수 있다. 이 시조는 게젓이란 간단하고 쉬운 우리말이 있음에도 어려운 한문 문자로 외치고 다니는 게젓 장수를 빈정대고 있다. 즉, 오직 한문만을 뽐내는 양반 계층을 은근히 꼬집은 풍자적인 내용이라 할 수 있다.

이 사설시조에는 동난지이 즉, 게젓을 통해 서민들의 상거래 장면에서 현학적衒學的인 한학자들, 양반 계층을 우회적으로 풍자하고 있다. 이 시조를 보면서 임진왜란 이후 주로 발생한 서민문학의 대표라고 할 수 있는 사설시조를 가장 잘 보여주는 작품이다. 조선시대를 비판하는 가장 핵심적 내용은 허례허식이다.

이를 풍자하는 대표적인 작가로 실생활에 도움이 되는 실사구시를 강조한 이용후생학파의 가장 대표적인 학자인 연암 박지원이 있다. 연암은 허생전, 호질, 양반전 등을 통해 자신도 양반 신분임에도 허례허식虛禮虛飾으로 가득한 양반을 신랄하게 비판했다. 그런데 이런 허례허식이 양반 계층이 사라진 오늘날에도 남아 있다는 것이 안타까울 때가 많다.

직업이 직업인만큼 선출직 의원으로서 다양한 행사에 참석을 하는 경우가 많다. 그 행사의 면면을 보면, 담으려는 내용보다는 형식에 치우친 행사가 있는가 하면 실질적인 내용을 위주로 행사가 진행되는 경우도 있다. 물론 형식과 내용이 모두 잘 갖추어진 행사가 없는 것은 아니다. 또한 오늘날의 가정에서도 허례허식이 남아 있는 경우가 아직도 많다. 실속은 없으면서 겉으로만 거창하게 꾸며 실속도 정성도 없는 허례허식, 특히 결혼식이나 장례식 등의 관혼상제에 이런 허례허식이 아직도 흔히 볼 수 있는 것이 현실이다. 그런데 시대가 바뀌어서 그런지, 정치적 변화가 있어서 그런지 새로운 정부가 들어서 공식적인 정부 행사를 눈여겨보면 예전과 사뭇 다르다.

얼마 전에 있었던 6·10 행사, 5월에 있었던 5·18 행사 등에서도 형식에 치우치기보다 메시지를 중심으로 정부 행사가 진행되었다. 참 다행이다. 정부 행사부터 이렇게 모범을 보여 주니 각 지자체, 사회단체, 가정, 개인까지 낡은 형식에 치우친 관행이나 관례가 아닌 내용과 메시지 중심으로 점점 쇄신될 것이라는 기대감이 생긴다. 짭짤한 맛좋은 '게젓'이 생각난다.

- 이 몸이 주거 가서 무어시 될꼬 하니
봉래산蓬萊山 제일봉第一峰에 낙락장송落落長松 되야 이셔
백설白雪이 만건곤滿乾坤할 제 독야청청獨也靑靑하리라

이 몸이 죽어서 무엇이 될 것인가 하니,
봉래산 가장 높은 봉우리에 휘휘 늘어진 큰 소나무가 되었다가
흰 눈이 온누리를 뒤덮을 때 나만 혼자 푸르리라.

— 성삼문의 시조

수양 대군이 세조가 되었을 때 왕위 찬탈 후에 성삼문이 지은 작품으로 자신은 회유되지 않고 절개를 지키겠노라는 절의를 노래한 시조이다. '백설이 만건곤할 제'는 나무의 입장에서는 그리 긍정적인 대상이 아니다. 추운 겨울을 상징하는 백설은 수양 대군이 집권하는 부정적 시대를, '독야청청'은 그러한 시류에 휩쓸리지 않는 굳은 절개를 상징하여 단종에 대한 변함없는 충절을 노래하고 있다. 낙락장

송(落落長松)은 세파에 굽히지 않는 높은 지조, 또는 고고한 존재를 의미한다.

시대가 어수선할수록 독야청청獨也靑靑하기는 매우 어렵다. 정치를 하면서 추운 겨울에 푸름을 유지하고 있는 것이 얼마나 어려운지를 경험한다. 자신이 갖고 있는 신념을 지켜 나간다는 것이 얼마나 어려운 지를 새삼 느낀다. 세상을 등지고 속세를 떠나 생활하면 내 신념을 지켜나가는 것이 차라리 쉬울 수도 있을 것이다.

그러나 속세에서 함께 부딪히며 나와 다른 생각을 갖고 있다는 이유로 그 탄압을 온전하게 받으면서까지 자신의 가치를 지켜 나가는 정치를 한다는 것은 참 쉽지 않은 길이다.

6이란 숫자를 반대로 바라보면 9로 보인다. 내가 바라보는 숫자가 6인데 내 앞에 있는 상대방은 9로 본다. 서로의 바라보는 위치 즉, 관점觀點이 다르다. 그런데 문제는 서로의 관점을 이해해 주지 않는 데 있다. 존중은커녕 무시한다. 하물며 나와 다른 위치에 있다는 것, 다르다는 것 때문에 상대를 죽이기까지 한다. 정치를 떠나 가족 구성원 간에도, 어떤 조직에서도 나와 다른 관점을 갖고 있는 것을 인정해 주어야 한다. 아니면 내 방향에서 바라봐야 하는 이유와 당위로 설득하고 이해를 구해야 한다.

9와 6은 위치만 달리하면 같다. 9로 바라보는 사람을 6으로 바라보게, 또 6으로 바라보는 사람을 9로 바라보게 최대한 설득하는 것이다. 그럼에도 같은 위치, 관점이 되지 않는다하면 그 차이를 인정해야 한다. 이런 과정에서 갈등이 심화되어 죽이거나 모함과 거짓이 횡행한다면 정상적인 공동체가 아니다.

모사謀事는 계략을 의미한다. 이런 모사를 꾸미는 정치, 정직하지 못한 정치는 잠시 남을 속일지 몰라도 결국 오래가진 못한다. 그리고 순간의 성공은 할지라도 당당하지 못한 결말이 될 것이다. 백성은 하늘이라는 말이 있다. 동학에서도 사람이 하늘이라는 인내천 사상이 있다. 혹세무민惑世誣民은 오래 연명하지 못한다. 곧 그 실체가 드러난다. 분명, 누가 백설이고 누가 푸른 소나무인지는 시민과 역사가 판단할 것이다.

● 당신當時에 녀든 길을 몃 해를 버려 두고,
어듸 가 다니다가 이제아 도라온고.
이제나 도라오나니 넌 듸 마음 마로리.

　젊은 시절에 뜻을 세우고 힘쓰던 학문과 수양의 길을 몇 해를 버리고
　어듸 가 다니다가 즉, 벼슬길에 올랐다가 이제야 돌아왔는고.
　이제라도 돌아왔으니, 그동안 벼슬길 생각은 버리고 이제라도 학문 수양에 전념하리.

― 퇴계 이황의 시조

주제는 학문 수양에 전념할 결의라고 할 수 있다.

이 작품은 12수로 된 연시조로 전반부는 '언지言志'로 자신이 세운 도산 서원 주변의 자연 경관에서 일어나는 감흥을 읊었고, 후반부는 '언학言學'으로 학문 수양에 임하는 심경을 노래하였다. 이 작품의 창

작 배경은 '도산십이곡 발'에 나타나 있다. 우리 가곡이 무릇 음란한 노래가 많아서 이야기할 만한 것이 못 되며, 이별李鼈의 '육가六歌'를 본떠 이 노래를 짓는다고 밝히고 있다. 또한 이를 아이들로 하여금 익혀 부르게 하여 나쁜 마음을 씻어 버리고 서로 마음이 통하게 하고자 한다는 퇴계의 문학관을 밝히고 있다.

이 시조에서 말하고 있는 공부에 대한 입장이 지금과는 많은 차이가 있는 것 같다. 즉, 이 시조처럼 벼슬길과 학문의 길을 구분하던 시대였다면 오늘날은 10대까지는 주된 신분이 학생으로 공부에 집중하는 신분이고 그 이후로는 자신의 직업과 학문을 선택적으로 하거나 병행하는 경우가 많은 것이 지금의 상황이다. 또한 공부를 한다는 것이 특정한 시기만이 아닌 평생학습을 지향하는 것이 일반화되어 있다. 필요에 의해 언제나 공부를 하는 시대인 것이다.

직업이 의원 신분인 입장에서 공부한다는 것을 생각하면 의원을 한다는 것 자체가 곧 공부를 한다는 것과 같다. 의원 생활의 모든 것이 공부다. 그런데 그 강도가 매우 세다. 일단 공부할 양이 매우 많다. 즉, 제대로 의원 생활을 하겠다고 마음을 먹으면 공부양은 무한대라고 할 정도로 끝이 없다. 재선 의원, 삼선 의원, 다선多選 의원이라고 예외는 아니다. 공부의 요령은 늘겠지만 그 양이 줄어든 것은 아니기에 의원을 한다는 것은 공부를 한다는 것과 같다.

몇 달 전부터 더 전문적인 공부가 필요해서 시험을 봤다. 두 번째

대학원 시험, 첫 번째는 내가 좋아하는 현대문학을 전공했고 이번에는 현실적으로 필요한 교육행정에 대한 공부를 하기 위해 지난달부터 대학원 시험 준비를 했다. 먼저 준비해야 할 서류가 많아 오랜 시간 준비하고 이모저모 써야 할 내용도 많아 시간이 많이 소요되었다. 원서를 접수하고 서류에 대한 합격 소식을 듣게 되었다. 그리고 지난주, 무려 9개의 문제를 30분 동안 두 교수로부터 질문받고 답을 하는 구술 면접시험을 보았다. 다행히 최종 합격이 되었다.

나이 들어서 그리고 시의원이 되어 더 공부하고픈 마음에서 도전한 것이니 사실 도전 그 자체도 나에겐 충분히 의미가 있었다. 공부는 때가 있다는 말이 있다. 그런데 사실 때가 없다. 공부는 평생 달고 다니는 것이다. 벼락치기 공부가 아닌 밥을 먹는 것처럼 공부는 일상이다. 물론 상황의 경중에 따라 공부를 잠시 등한시해야 할 때도 있을 것이다. 그것은 잠시이고 늘 공부는 생활이 되어야 한다.

글을 읽고 글을 쓰는 행위는 삶의 기본이 되는 시대를 우리는 살고 있다.

●

어듸라 더디던 돌코
누리라 마치던 돌코
믜리도 괴리도 업시
마자셔 우니노라
얄리얄리 얄라셩 얄라리 얄라

살어리 살어리랏다
바라래 살어리랏다
나마자기 구조개랑 먹고
바라래 살어리랏다
얄리얄리 얄라셩 얄라리 얄라

어디에 던지려던 돌인가
누구를 마치려던 돌인가
미워할 이도 사랑할 이도 없이
맞아서 울며 지내노라

얄리얄리 얄라셩 얄라리 얄라
살어리 살어리 랏다
바다에 살어리 랏다
나문재 굴 조개랑 먹고
바다에 살어리 랏다
얄리얄리 얄라셩 얄라리 얄라

— 고려가요 중에 가장 유행했던 '청산별곡'의 5, 6연.

삶을 살면서 영화와 현실의 차이를 생각한 적이 있다. 영화는 결과에 대한 이유와 원인이 늘 있다. 결과가 먼저 나왔을 때는 그 이유가 무엇인지를 찾으며 영화를 보고, 영화 속 사건의 원인이 제공되었다면 끝이 뻔하더라도 어떻게 될지 알면서도 보는 것이 영화이자 드라마이다. 그런데 이런 영화와 다른 것이 우리네 현실이다.

원인도 이유도 모르는 경우가 많다. 왜 나에게 이런 불행이 온 것인지, 왜 나에게 이런 아픔이 생긴 것인지, 왜 나에게 이런 불치병이 생긴 것인지, 왜 내가 교통사고를 당해야 하는 것인지, 왜 내 딸이, 내 아들이 이런 일이 생겨야 하는 것인지, 왜, 왜, 왜라는 질문에 적절한 답을 찾을 수 없는 경우가 훨씬 많다. 그래서 삶은 늘 인과적因果的이지 않다.

분명, 나는 돌을 맞을 이유를 만들지 않았다. 나를 미워할 이도 없고 사랑할 이도 없는데 정작 나는 돌에 맞아서 울고 있다. 이처럼 어이없는 일이 또 있을까. 아마도 신神만이 아는 나도 모르는 운명, 좋지 않은 일이 갑자기 생긴 것일까. 맞다. 그럴 수 있을 것이다. 현실에서는 찾을 수 없는 운명같은 일이 생긴 것이다. 내가 예방할 수도 없는 일, 도저히 막을 수 없는 일, 원인 없이 불어 닥친 불행한 나의 비극적 운명.

이럴 땐 어떻게 해야 할까. 운명에 순응하는 것이다. 아무리 거부해도 되지 않은 것이라면 받아들여야 하지 않을까. 피할 곳 없는 넓은 들판에 소나기가 몰려오면 어찌할 수 없지 않은가. 도저히 피할 수 없다. 그럴 땐 소나기를 맞고 그 다음을 생각할 일이다. 삶이 내 뜻과 의지대로만 되지 않는 경우가 있다. 삶의 연식이 길수록 이런 일에 대한 경험은 늘어난다. 그러면서 삶의 지혜가 생긴다.

지천명의 나이에 십대부터 차근차근 돌이켜보면 그런 비극적 운명이 있고 난 후에 내 삶은 더 성숙해지고 단단해진 것 같다. 그때는 대처할 방법도 모르고 어안이 벙벙했는데 비극을 받아들이고 긍정적으로 활용하여 반전을 만든다면 우리네 삶은 영화보다 더 영화같은 인생이 된다. 그 순간 우리는 여느 영웅서사구조에 딱 맞는 주인공이나 적어도 조연은 되어 있는 것이다.

영웅서사구조의 주인공들은 모두 흙수저이다. 혹시 이 글을 읽는 당신은 흙수저인가. 자신이 흙수저라고 생각한다면 충분한 영웅서사구조의 주인공, 영웅의 조건이 되어 있는 것이다. 당신에겐 곧 반전反轉이 있다.

● 작은 거시 노피 떠서 만물萬物을 다 비취니
밤듕의 광명光明이 너만 하니 또 잇느냐
보고도 말 아니 하니 내 벋인가 하노라.

작은 것이 높이 떠서 세상 만물을 다 비취니
밤중의 광명 중에서 달만 한 것이 또 있는가.
세상을 모두 비춰 모든 것을 알고 있으면서도 말을 하지 아니하니 내 벗인가 하노라.

― 고산 윤선도의 오우가五友歌 중에서 여섯 번째 시조

작자는 오우가五友歌를 통해 자기가 사랑하는 자연의 벗으로 물[水], 돌[石], 솔[松], 대[竹], 달[月]의 다섯 가지를 들어 6수의 시조에 전체적으로 보여 주고 있다. 서사에 해당하는 첫 수와 수水·석石·송松·죽竹·월月에 대한 각 1수씩으로 되어 있다. 둘째 수는 구름·바람과 비교하여 물의 그침 없음을 노래했고 셋째 수는 꽃·풀과 비교하여 바위의 변함없음을 노래했다. 넷째 수는 꽃 피고 잎 지는 나무와 달리 눈서리를 모르는 소나무의 뿌리 깊음을 노래했으며 다섯째 수는 나무도 풀도 아니면서 곧고 속이 비어 있는 대나무의 푸름을 노래했다. 여섯째 수는 작지만 밤에 높이 떠서 만물을 비춰주는 달의 말없음을 노래했다. 자연관찰을 통해 의미를 끄집어내고 그것을 인간이 지켜야 할 덕목과 연결해 생각하도록 언어화했다.

여러 사물을 문학적으로 비유와 상징을 통해 이미지화 하는 방법은 매우 다양할 것이다. 고산은 오우가를 통해 다섯 사물을 친구로 비유하였고 특히 달은 광명, 과묵의 벗으로 표현하고 있다. 그런데 요즘 들어, 깊은 밤 조용히 달을 응시하다 보면 그리운 사람들이 자주 떠오른다. 부모님을 비롯해 내 곁을 떠나간 사람들이 밤하늘에 하나 둘 그려진다.

어제는 39년 전 어머니께서 돌아가신 날이었다. 늦은 시간, 차를 타고 집으로 돌아오는 중에 참 예쁘게 떠 있는 보름달을 보았다. 그런데 내가 힘든 상황이라 그런지 달을 보면서 어머니께서 웃으며 아들아, 힘내라고 응원하는 소리가 들리는 것 같았다. 그래서 그런지 '힘내자. 힘을 내자. 다시 처음부터 시작이다.'라는 다짐을 하게 되었다. 그러면서 최근에 썼던 시 한편이 머리를 스치고 지나갔다.

바닥에 떨어지니
바닥이 끝인 줄 알았다
그런데 바닥은 시작이다
새로운 출발이다
바닥에 떨어지니
곧 벼랑 끝인 줄 알았다
바닥은 하늘처럼
두 팔을 벌린 엄마 품이다
다시 걸음마부터 처음이다
모든 것을 내려놓고
바닥에 주저앉아 막 잎을 내민
새싹을 본다 그리고
높은 하늘을 바라본다
아, 마음이 한결 편하다
비우면 더 편안해지는 것
처음은 잃을 것이 없는
희망뿐인 것을

— 〈다시〉

　누군가의 눈썹처럼 생긴 초승달은 빛이 환하지 않지만 앞으로 채울 것만 남았다. 그래서 시간이 지나 결국 어둠을 밝히는 꽉 찬 보름달이 될 것이다. 초승달을 보면 시작의 의미를, 보름달을 보면 꽉 찬 성숙과 풍요의 의미를, 그리고 언제나 그리운 이를 떠올리게 하는 달, 그런 달을 보면서 변함없이 누군가 나를 비춰주고 있다, 지켜주고 있다는 생각을 하면 힘들게 살아가는 삶에 작은 위로와 힘이 된다.

● 오동梧桐에 떨어지는 빗발 무심無心히 듣건마는
나의 시름 하니 닙닙히 수성愁聲이로다.
이 후後야 입 넓은 남기야 시물 줄이 이시랴.

오동잎에 떨어지는 빗소리 무심히 듣건마는
나의 시름이 많으니 빗방울 떨어지는 잎마다 쓸쓸한 소리로구나.
이 후엔 다시는 잎 넓은 나무는 심을 리가 있으랴.

― 김상용의 시조

이 작품에는 작자의 힘겨웠던 삶이 배여 있다. 인조반정과 병자호란을 겪으면서 힘들고 마음 편할 날 없었던 시대적 배경 속에서 오동잎에 떨어지는 빗소리에 자신의 마음을 투영시키고 있다. 그래서 일명 '시름가' 혹은 '수심가愁心歌'라고도 한다. 오동잎에 떨어지는 빗발을 통해 힘들고 시름겨운 삶을 노래하고 있다.

잎이 넓은 나무를 심지 않는 이유를 이제야 알겠다. 떨어지는 빗

줄기가 잎에 부딪히는 소리 때문에 크게 들리는데 그 소리가 그 무엇보다 쓸쓸하게 들리기에 앞으로는 오동나무처럼 넓은 잎을 가진 나무는 심지 않겠다는 것이다. 작자의 심적 상황이 괜하게 오동나무 잎과 더 나아가 오동나무를 심지 않는 것으로 옮겨지고 있다.

오늘도 아침부터 비가 내린다. 하늘은 잿빛, 창 밖에 오동나무가 있는 것은 아닌데 떨어지는 빗소리가 크게 들린다. 빗소리에 집중이 되지 않는다. 다른 생각을 못 하겠다. 지난 밤에 날아온 비보悲報로 인해 시름이 많아 빗소리가 크고 슬프게 들리나보다. 이유를 떠나 어느 날 갑자기 한 사람이 그 생을 마감한다는 것은 예삿일이 아니다. 너무나 마음이 아프다. 삼가 고인의 명복을 빈다.

내 나이 10살, 초등학교 3학년 때 어머니가 돌아가셨다. 그때 어린 나이에 죽음이라는 것을 정확하게 인식하지 못 할 때였다. 그런데 늘 내 곁에 있던 어머니가 움직이지 않고 누워 있다는 것, 그리고 주변 어른들이 어린 나에게 '아들아, 너 큰일 났다', '아이쿠, 이렇게 어린 것을 놓고 먼저 가면 어쩌나.'라고 하면서 주변 분들이 우는 모습에 심적으로 처음 맞이한 죽음은 매우 큰일이며, 울어야 하는 것으로 인지하게 되었다. 그리고 무엇보다 엄마가 누워만 있고 내 이름을 부르지도 않고 말도 없이 누워만 있다는 것에, 처음 경험하게 된 죽음은 그 자체로 매우 충격이 컸다. 그래서 마당에 있는 긴 의자에 앉아 두 살이 많은 형과 3일 내내 울었던 기억이 난다.

빗소리가 점점 크게 들린다. 월명사의 제망매가에는

생사로는
여기 있으매 두렵고
나는 간다는 말도 못다 이르고 갔느냐
어느 가을 이른 바람에
여기저기 떨어지는 잎처럼
한 가지에 나고
가는 곳 모르는구나

라는 내용이 있다. 떨어지지 말아야 하는 잎이 떨어지고 아침부터 빗소리에 아무 일도 못하고 있다.

● 서방書房님 병病 들여 두고 쓸 것 업셔

　종루鐘樓 져재 달래 파라 배 사고 감 사고 유자柚子 사고 석류石榴 샷다 아차차차 이저고 오화당五花糖을 니저발여고나

　수박水朴에 술 꼬자 노코 한숨계워 하노라.

　서방님 병이 들어 두고 돈이 될 만한 것이 없어, 혹은 서방님 병 들어 두고 먹일 것이 없어

　종루 저자 즉, 시장에 머리카락 팔아, 배사고, 감사고, 유자 사고, 석류 샀다. 아차차 잊었구나. 오색 사탕을 잊었구나

　수박에 숟가락 꽂아 놓고 한숨지어 하노라.

— 김수장의 시조 〈서방님 병 들여두고〉

　평범한 아낙네의 남편을 위한 마음을 말하다가 아낙네의 당황하는 모습을 표현하고 있다. 시적 화자는 병든 남편을 수발하는 아내를 관찰하는 입장이다. 병든 남편에게 화채를 만들어 주려고 자신의

머리카락을 팔아 배, 감, 유자, 석류 등을 사고 돌아와서 보니 오화당을 빠뜨렸다고 한탄하는 것이다. '아차차'하는 감탄사를 적절히 구사하여 여인의 당황하는 모습과 애틋한 마음을 해학적으로 표현하고 있다.

일명 '사랑가', '애정가'라고 할 수 있는 노래로 여름에 더위를 식히기 위해 주로 먹는 화채가 소재이며 남편에 대한 애틋한 사랑, 화채 재료를 빠뜨린 여인의 한탄이 이 시조의 주제이다. 그런데 해석의 내용에 따라 종장의 수박에 숟가락을 꽂아 놓고 한숨을 쉬는 것을 남편의 죽음으로 해석하는 경우도 있어 사랑하는 남편과 결국 사별死別한 내용으로 해석하는 경우도 있다.

얼마 전부터 바리스타 자격증을 따기 위해 휴일 짬을 내서 학원을 다니며 공부를 했다. 그리고 지난주 토요일 자격증 시험을 보았고 그 결과 가장 높은 점수로 최종 합격을 했다. 바쁜 시간을 내서 노력한 결과로 취득한 자격증, 처음 학원을 다니며 계획했던 것처럼 음료봉사부터 바리스타에 꿈이 있는 분들에게 교육봉사도 하고 그리고 무엇보다 나를 찾아오는 분들에게 좀 더 질 좋은 맛있는 커피를 드리고 싶은 마음에서 공부를 했다.

누군가를 위해 자신의 머리카락을 팔아 화채를 만드는 화자처럼 한 잔의 커피를 만들어 커피를 필요로 하는 사람에게 정성과 사랑으로 제대로 서비스한다면 주는 사람의 마음이 더욱 잘 전달되지 않을까. 나에게 커피를 가르쳐 준 스승은 커피는 한 가지 맛이 아닌 커피 생산지의 고도 차이, 수확 시기, 건조 상태 등과 로스팅 방법, 추출, 물의 양, 온도 등등이 커피의 기본적인 맛을 좌우하며 그것보다 더욱 커피의 맛을 결정하는 것은 누가 커피를 추출하고 내리느냐와 누구와 커피를 마시느냐에 따라 진짜 그 맛이 결정된다고 하였다.

커피를 가르쳐준 스승의 말씀이 맞다. 무엇이든 사람이 중요하다. 애틋한 사랑으로 만든 화채처럼, 커피라는 열매는 똑같지만 그 맛이 가지각색인 이유가 있는 것이다. 결국 가난한 삶, 병든 삶 속에서도 누구와 함께 하느냐에 따라 흔한 것도 특별한 가치가 될 수 있는 것이다.

● 임이 헤오시매 나는 젼혀 미덧드니
날 사랑하던 정情을 뉘손대 옴기신고.
처음에 믜시던 거시면 이대도록 셜오랴.

임이 나를 생각하시매 나는 전적으로 믿었더니
나를 사랑하던 정이 누구에게 옮기셨습니까.
처음부터 미워하시던 것이면 이토록 서럽겠는가.

— 송시열의 시조

 이 노래의 종장에서는 배신에 대한 서러움도 나타나고 있지만 임금을 사랑하는 마음을 전제로 하는 작품이기에 일반적으로 주제는 충군연주忠君戀主의 정情으로 볼 수 있다.
 노론老論의 영수領袖였던 작자가 믿었던 임금의 사랑이 다른 이에게 옮겨 가니 서러움을 금할 수 없다는 심정을 노래한 것이다. 임금의 배신에 대한 직설적 원망이 신충信忠의 향가 '원가怨歌'와 맥을 같이 한다. 작자 송시열은 노론의 영수로 활약하다가 숙종 15년에 왕세자의 책봉을 반대하다가 사사賜死되었다.

송시열은 조선 후기의 정통 성리학자로 본관은 은진, 자는 영보, 호는 우암. 주자의 학설을 전적으로 신봉하고 실천하는 것으로 평생의 업을 삼았으며, 17세기 중엽 이후 붕당정치가 절정에 이르렀을 때 서인노론의 영수이자 사상적 지주로서 활동했다. 보수적인 서인 특히, 노론의 입장을 대변했으며 명을 존중하고 청을 경계하는 것이 국가정책의 기조가 되어야 함을 역설했다. 강상윤리를 강조하고 이를 통해서 국가·사회 기강을 철저히 확립하고자 했던 인물이다.

세상에 변하지 않는 것이 있을까. 고전을 읽다보면 절대적 권력을 갖고 있었던 임금을 원망하는 노래가 많이 없다. 대부분 임금님을 칭송하는 내용들이다. 그런데 이 노래는 좀 다르다. 임금님이 변해서 작자를 사랑하던 마음이 다른 사람에게 옮겨지므로 인해 화자는 몹시 서운하다. 그런데 이는 작은 사건이 아니다. 결국 사약을 받고 죽게 되는 결과까지로 이어진다.

지금이야 별 것 아닌 것으로 생각할 수 있다. 그런데 마음을 중시했던 유교사회에서는 마음의 변화는 죽음까지 선택하는 이유이자 당위였을 것이다. 결국 마음을 잃으면 모든 것을 잃었던 것이다. 반대로 마음을 얻으면 모든 것을 얻는 것과 같았을 것이다. 그런데 오늘날에도 여전히 이 마음의 가치가 그대로 유지되고 있을까. 아니라면 무엇이 이 마음을 대신하고 있을까.

사실 지금도 우리는 일편단심一片丹心을 꿈꾸며 산다. 그런데 일방적인 일편단심 즉, 누가 나만을 유일하게 사랑하기를 바라는 것이다. 그런데 정작 자신은 일편단심과 전혀 다른 삶을 살면서 말이다. 이기적 사랑이다. 사랑은 일방적인 것이 아니다. 상호적이다. 예를 들어 정치인만 시민을 사랑하는 것이 아니라 시민도 정치인을 사랑해야 한다. 일반적으로 변하지 않는 사랑은 진실을 담보하는 경우가 많다. 진실은 진정성으로, 진정성은 긍정적인 결과물로 이어질 가능성이 크다. 그러므로 시대가 변해도 변하지 않았으면 하는 것이 사랑이다. 일방적인 사랑은 한계가 있다. 함께 가꾸어 가는 사랑만이 오래토록 유지된다. 따라서 사랑은 서로 가꾸는 것이다.

秋風唯苦吟　추풍유고음
世路少知音　세로소지음
窓外三更雨　창외삼경우
燈前萬里心　등전만리심

가을바람에 괴로이 읊조리나,
세상에 알아주는 이 없네.
창밖엔 밤 깊도록 비만 내리는데,
등불 앞에 마음은 만리 밖을 내닫네.

— 최치원의 〈추야우중秋夜雨中〉

　최치원(崔致遠: 857~?)은 신라 말기의 문인으로 당나라에서 유학하여 과거에 급제하였고, '토황소격문討黃巢檄文' 등을 지어 문명을 떨쳤다. 우리나라 한문학의 시조始祖라 일컬어지며 '계원필경桂苑筆耕' 등의 문집이 있다. 여기에서 지음知音이라 하면 자신을 알아주는 이로

춘추 전국 시대 거문고의 명수 백아伯牙와 거문고 소리를 잘 알아주는 친구 종자기鐘子期의 고사에서 유래한 말로 자기 자신을 잘 알아주는 벗이라는 뜻이다. 또한 삼경三更은 하룻밤을 다섯으로 나눈 셋째의 시각으로 밤 11시부터 새벽 1시까지를 말하는데 일명 병야丙夜라고도 한다.

'가을바람에 괴로이 읊조리나,'는 세상을 등지고 고뇌하는 시인의 처지가 드러나 있으며 '세상에 알아주는 이 없네.'라고 한 것은 자신의 시를 알아주는 이 없는 현실에 대한 비감을 표현한 것이다. 또한 '창밖엔 밤 깊도록 비만 내리는데,'는 서정적 자아의 고뇌를 심화시키면서 동시에 세상으로 나가는 길이 차단되었음을 암시하고 있다. 마지막 '등불 앞에 마음은 천리 밖을 달리네.'는 세상을 등졌으나 세상의 일에 초연할 수 없는 자아의 번민이 드러나 있는 구절이다.

11월, 깊어가는 가을밤 비바람 속에서 서정적 자아는 괴롭게 시詩를 읊조리고 있다. 세상으로부터 멀리 떨어진 시를 짓는 일도 쉬운 일은 아니지만, 더 고통스러운 것은 자기를 알아주지 않는 점이다. 그렇기 때문에 서정적 자아는 밤늦도록 잠들지 못하고, 등불을 마주하고 앉아 있으나 마음은 만리 밖을 떠돌고 있는 것이다. 이러한 괴로움은 한편으로 생각해보면, 역사의 현장을 외면한 결과에서 비롯된 것이라고 할 수도 있다. 한밤중에 비가 온다는 것은 밖이 험난하기만 하니 나갈 수 없다는 생각을 암시한 것이라고 볼 수 있다. 그래서 등불이 켜져 있는 방안만 밝다 하고 거기에 자신의 세계를 설정해 놓고서 만리의 행적을 마음속으로 더듬을 뿐이다.

　우리나라, 남한에서 가을과 겨울이 제일 빨리 시작되는 곳, 따뜻한 봄과 여름은 제일 늦게 시작되는 곳, 그곳은 어디일까. 바로 김포다. 지금 김포는 단풍이 한창이다. 아마도 이 단풍도 가을비가 내리고 나면 우수수 떨어지고 가지만 앙상하게 남을 것이다. 그래서 사람의 심리도 계절과 함께 변한다. 이 가을, 자신을 돌아보며 더욱 외로움을 타고 사색을 하게 된다. 이럴 때 자신을 알아주는 벗, 지음(知音)이 있다면 얼마나 큰 위로가 될까. 사람은 누구나 가슴 속에 묵직한 돌덩이 하나씩 품고 산다. 힘겹게 살아가는 삶, 우리 서로에게 벗이 되자. 주변 사람들 이야기를 많이 들어주고 안아주자. 소통하면서 이 추야우중秋夜雨中을 보내자. 그리고 다가오는 혹한의 겨울을 이겨내자. 그러면 다시 꽃피는 봄은 우리 마음으로부터 송이송이 벚꽃을 피우며 은근슬쩍 웃을 수 있는 화창한 봄날이 우리 곁에 와 있지 않을까.

●

　님이 오마 하거늘 저녁밥을 일 지어 먹고
　중문中門 나서 대문大門 나가 지방地方 우희 치다라 안자 이수以手로 가액加額하고 오는가 건너 산山 바라보니 거머힛들 셔 잇거늘 져야 님이로다. 보션 버서 품에 품고 신 버서 손에 쥐고 곰븨님븨 님븨곰븨 천방지방 지방천방 즌 듸 마른 듸 갈희지 말고 위렁충창 건너가서 정情엣말 하려 하고 겻눈을 흘깃 보니 상년上年 칠월七月 사흔날 갈가 벅긴 주추리 삼대 살드리도 날 소겨거다
　모쳐라 밤일식만정 행혀 낫이런들 남 우일 번 하괘라.

　　임이 온다 하거늘 저녁밥을 일찍 지어 먹고
　　중문을 나서 대문으로 나가서 문지방 위에 치달아 앉아 손으로 이마를 가리고 임이 오시는가 건너 산을 바라보니 검은 빛과 흰 빛이 뒤섞여 서 있거늘 저 것이 임이로구나. 버선 벗어 품에 품고 신을 벗어 손에 쥐고 엎치락뒤치락 허둥거리며 진 곳 마른 곳 가

리지 않고 급히 달려 건너가 속에 있는 정든 말하려고 눈을 흘깃 들어보니 작년 칠월 사흘 날 깎아 벗긴 삼의 줄기 살드리도 날 속였구나

그만두어라, 밤이기 망정이지 낮이었다면 남들 웃길 뻔 했구나.

─ 작자 미상의 사설시조

그리워하는 임을 어서 만나고 싶어 하는 마음을 해학적으로 잘 표현한 작품이다. 임이 오신다는 소식을 듣고 밥까지 일찍 지어 먹고, 안절부절 기다리다가 삼의 줄기를 임으로 착각하고 속은 것에 낭패스러워 하는 모습이 사실적으로 묘사되어 있어서 읽는 사람으로 하여금 미소를 자아낸다. 일은 일찍, 지방은 문지방, 가액하고는 이마를 가리고, 거머횟들은 검은 빛과 흰 빛이 뒤섞인 모양, 곰븨님븨는 엎치락뒤치락, 연거푸는 계속하여, 삼대는 삼의 줄기, 모쳐라 그만두어라, 우일은 웃길로 해석한다. 해학적 성격이 강하며 주제는 임에 대한 간절한 기다림으로 볼 수 있다.

코로나19가 조금씩 잠잠해 지고 있다. 그런데 이번엔 뒤늦은 장마가 며칠째 계속되고 있다. 그래서 비로 인한 피해가 산더미처럼 늘어나고 있다. 서민들은 코로나에 이어 폭우 피해로 이 여름이 이중삼중으로 힘겹다. 이 사설시조에 나오는 주인공은 임의 부재로 힘들게 살아가는 여인이다. 그런데 임을 기다리는 간절함, 진지함보다는 웃음과 해학적으로 보인다. 그래서 감상하는 우리에게 웃음을 준다.

맞다. 이럴 때일수록 더 심각한 이야기가 아닌 해학적인 글은 작은 위로가 된다. 또한 비슷한 처지의 사람들 이야기는 동병상련同病相憐을 느끼며 서로 위로가 된다.

설상가상, 아주 고통스러울 때는 주추리 삼대라도 좋으니 고통을 순간 잊었으면 하는 마음도 있다. 아마 누군가에게는 지금이 그런 상황일 수도 있다. 그렇다면 남을 의식하는 것보다 자신을 먼저 생각하자. 그런다고 해서 남이 비웃거나 웃음꺼리로 생각하진 않을 것이다. 고통의 순간이 영원하진 않을 것이다. 결국, 이 또한 지나갈 것이다.

공동체를 살아가는 우리가, 개인이 공동체 속 구성원들의 고통을 보며 스스로에게 이런 질문을 던진다. 잠시이지만 고통을 잊을 수 있게 해주는 주추리 삼대의 역할이라도 나는 하고 있는가?

4
지당에 비 뿌리고

● 구룸 빗치 조타 하나 검기를 자로 한다
바람 소리 맑다 하나 그칠 적이 하노매라
조코도 그츨 뉘 업기는 믈뿐인가 하노라.

    고산孤山 윤선도의 오우가五友歌의 한 수로 초장은 '구름 빛이 깨끗하다고 하지마는 검기를 자주 한다.' 중장 '바람 소리가 맑다고 하나 그칠 때가 많도다.' 종장은 '깨끗하고도 그칠 적이 없기는 물뿐인가 하노라.'로 해석이 되는 연시조 중 한 수이다. 자연의 다섯 벗인 물[水], 돌[石], 솔[松], 대[竹], 달[月]의 다섯 대상 중에 이 시조는 물을 소재로 하고 있다. 이 노래의 주제는 깨끗하고 변함이 없는 물이다.
    하늘에 커다란 구멍 났다. 하늘에서 비가 쏟아지고 있다. 늦은 장마가 3주째 계속되고 있다. 이번 장마로 인한 인명피해부터 물적 피해가 어마어마하다. 왜 이런 폭우가 이어질까. 많은 학자들은 기후 변화를 원인으로 말하고 있다. 그 핵심은 온도 상승이다. 그렇다면 이것은 일시적인 현상일까. 결론은 아니라는 것이다.

온실가스가 역대 최고치를 찍고 최근 들어 가장 더운 여름 날씨를 보이며 사람이 견딜 수 없을 만큼의 폭염이 지구촌을 덮치고 있다. 일각에서는 이러한 기후 변화를 회복하려면 천만 년이 걸린다는 말도 있다. 2만 년 전 빙하기에서 만 년 전 간빙기로 오는 시간 동안 지구의 온도가 4도 상승했다. 하지만 우리는 백 년 만에 1도를 상승하게 했다. 25배나 빠른 이 속도는 지구가 감당하기 어려운 속도이다.

최근 10년 안에 지구가 견딜 수 있는 이산화탄소 양을 초과할 것이라고 한다. 지구는 점점 더 스스로의 온도를 높이고 있다. 그 이유는 바다가 어두워지고 있기 때문이다. 그렇다면 또 바다가 어두워지는 이유는 무엇일까. 북극의 하얀 빙하가 녹아 어두운 바다가 되어버렸기 때문이다. 어두워진 바다는 태양에너지를 반사시키지 못하고 흡수해 버리게 된다. 바람을 통해 열을 분산시키는 지구의 조절시스템이 망가지게 되면 더운 곳은 더욱 더워지고 추운 곳은 더욱 추워지게 된다. 특히 우리나라의 경우 중위도에 위치하고 있기 때문에 공기가 순환되지 못하고 멈춰버리게 되는 것이다.

지구촌 곳곳에서 일어나고 있는 이상기후는 더 이상 일시적인 이상한 현상이 아니다. 막을 수 없는 자연재해의 일반화 단계로 접어들고 있는 것이다. 막연한 생각으로만 알고 있었던 지구의 변화가 이제는 몸으로 체감되는 단계가 되었다. 고기압을 찬 기운이 밀어내지 못하면 우리나라는 폭염과 폭우가 계속 될 수 있다. 빙하가 녹을수록 이런 변화는 더욱 빠르고 강력해질 것이다.

고산의 오우가五友歌에서는 물을 벗으로 생각하고 그의 속성을 깨끗하고 변함이 없는 친구로 칭송하고 있다. 그러나 지금, 우리는, 물을 친구로 자연을 친구로 생각하고 존중하고 있는가. 존중까지는 아니라 하더라도 고전 작품을 보면서 왜 그토록 자연을 통해 깨달음을 얻고자 했는지 깊은 성찰省察이 필요할 때이다.

●

추강秋江에 밤이 드니 물결이 차노매라.
낙시 드리치니 고기 아니 무노매라.
무심無心한 달빗만 싯고 뷘 배 저어 오노매라.

가을 강에 밤이 되니 물결이 차도다.
낚시를 드리우니 고기가 물지 않는구나.
비록 고기는 못 잡았으나 사심 없는 달빛만 배에 가득히 싣고 돌아오도다.

― 월산 대군의 시조

이 글의 주제는 가을 달밤의 풍류와 정취로 볼 수 있다.
　가을 강의 밤경치 그리고 낚시와 달빛이 어우러진 강을 배 저어 오는 작가의 마음에는 빈 배로 돌아오는 아쉬움 같은 것은 아랑곳없다. 평화롭고 한가로운 삶이 표현되어 있다. 물욕과 명리를 초월한 작가의 유유자적悠悠自適하는 삶의 정신이 달빛만 가득 싣고 돌아오는 빈 배의 정경에서 느낄 수 있다. 이 시조의 성격은 낭만적, 풍류적이며 이런 노래를 한정가라고 한다.

얼마 전에 24절기 중 열세 번째 절기인 입추立秋가 지났다. 입추는 가을의 시작을 알리는 절기이다. 월산 대군의 노래를 감상해 보면 가을의 분위기가 물씬 풍긴다. 그런데 단순히 낭만적인 분위기만을 전달하는 것은 아니다. 일단 여기에서 고기를 잡지 않아도 되는 작가의 신분이나 현실적 입장을 떠나 작품의 의미에 초점을 맞춰 접근해 보자.

여기에는 명예와 물질적 욕심을 초월한 '없음'의 철학이 담겨져 있다. 즉, 욕심 없음의 철학, 이것을 상징하는 소재가 '빈 배'이다. 고기는 잡는 것이 아닌 마음을 가다듬는 대상이고 '빈 배'는 자연과 인간을 이어주는 매개체이기도 하다. 또한 고전에서는 가을하면 풍요의 계절로 표현하는 경우가 많은데 이 글은 '없음' 혹은 '비어 있음'의 의미이다.

8월에 들면서 소강상태로 접어들던 코로나19 확진자 숫자가 어제와 오늘 특히 서울과 수도권에서 세 자리 숫자가 되었다. 다시 대한민국은 사회적 거리 두기를 강조하는 상황이 되었다. 코로나19는 이제 우리 생활 속에서 함께 해야 할 대상이 되었다. 싸워 이겨야 할 대상, 극복해야 할 대상이기도 하지만 어느 정도는 우리 생활에서 뗄 내야 뗄 수 없는 대상이 되었다. 코로나19를 통해 사회적 거리 두기를 하면서 떠오른 단어가 '간격間隔'이다. 꽉 찬 것이 아닌 사이와 사이를 비워두는 일정한 거리를 두는 '간격' 말이다.

　가로수의 나무들을 보라. 붙어 있지 않고 간격을 두고 있다. 밤하늘의 별들을 보라. 역시 일정한 거리를 두고 빛난다. 들에 피어 있는 꽃들도 마찬가지이다. 일정한 거리를 두고 피어 있다. 대상과 대상 사이에는 비어 있다. 어찌 보면 이것이 더 자연스런 것인 줄도 모른다. 이렇게 거리를 두면서 사회적 거리 두기는 나 자신을 일정한 거리를 두고 바라보는 관조적 삶의 중요성과 사람들과의 관계도 일정한 거리를 두고 서로 격려하며, 서로 믿고, 연대하는 협력적 관계의 중요성을 깨닫게 해주는 것은 아닐까. 그로인해 공동체적 삶의 중요성을 다시 한 번 깨닫게 해주는 것은 아닐까.

　코로나19는 마음보다는 물질만을 추구하며 숫자의 노예로 살았던 삶, 자연보다는 인간의 편안함만을 추구하며 살았던 삶에서 나 혼자만의 시간과 혼자만의 공간에서 나를 성찰하는 삶, 그리고 물질보다는 가까운 가족과 연인의 중요성을 인식하는 삶, 늘 가까이에서만 지내다가 거리를 두며 사람들과의 관계를 다시 한 번 돌아보는 삶으로, 자연의 가치가 얼마나 소중한 지를 깨닫는 삶으로 전환하게 하고 있다. 그리고 보면 코로나19가 우리에게 마스크의 중요성만 인식하게 한 것은 아니다.

● 한숨아 세한숨아 네 어느 틈으로 드러온다.

고모 장지 세살 장지 들 장지 열 장지에 암돌적귀 수돌적귀 배목걸쇠 뚝닥 박고 크나큰 잠을쇠로 숙이숙이 차엿는듸 병풍屛風이라 덜걱 접고 족자簇子라 댁대골 말고, 네 어느 틈으로 드러온다.

어인지 너 온 날이면 잠 못 드러 하노라.

한숨아 세한숨아 네 어느 틈으로 들어오느냐.

고모 장지, 세 살 장지, 들장지, 열장지, 암돌쩌귀, 숫돌쩌귀, 배목걸새 뚝닥 박고, 크나큰 자물쇠로 깊이깊이 채웠는데, 병풍이라 덜컥 접은 족자라 대대굴 만다네. 네 어느 틈으로 들어오느냐.

어찌된 일인지 네가 온 날이면 잠 못 들어 하는구나.

— 작자 미상의 사설시조

그칠 줄 모르는 시름이라고 하는 어두운 주제를 해학적으로 표현해 냄으로써 슬픔을 웃음으로 해소하는 묘미를 보여 주는 작품이다. 시름을 막아보려고 애를 쓰지만 결국 시름에 잠길 수밖에 없는 우리네 삶이란 결국 웃음을 통해서만이 극복될 수밖에 없다는 것을 말하고자 하는 것은 아닐까. 이 글을 관통하는 것은 한숨이 아니다. 한숨을 뛰어 넘은 웃음을 표현하고자 한 것이다.

며칠 전, 폭우가 쏟아지고 태풍이 올라온다고 하던 밤에 혼자 흙탕물로 가득한 계양천을 둘러보면서 여러 가지 생각을 하였다. 집으로 돌아와 그것을 글로 정리를 해 보았다. 그 내용은 이렇다.

'수십 년을 한 자리에 머물며 사는 계양천의 벚꽃 나무들을 보면서 저 나무가 몇 번의 시련을 겪을까. 산책로를 걸으며 생각하다가 내 삶으론 도저히 감당이 되질 않았다. 그래서 만만한 것이 나무에 매달려 파닥거리는 다닥다닥 붙어 있는 잎들이라고 생각을 했다. 그리고 나뭇잎들을 보며 생각을 했다. 봄에 싹을 내어 가을에 생生을 마감하는 이파리, 저 흔한 푸른 생生은 떨어져 죽을 때까지 몇 번의 시련을 겪을까.

그래 먼저 벌레들의 공격이 있겠지. 쨍쨍 내리쬐는 태양의 뜨거움은 기본이고 숨 막히는 먼지들의 공격도 있을 것이고. 수시로 부는 바람에서 떨어지지 않으려는 버둥거림과 폭풍우와 폭탄 같은 우박도 있겠지. 생각이 촘촘해질수록 이 또한 만만한 삶이 아니었다.

내 삶을 저 나무에 붙여 보았다. 봄에 싹을 내고 가을이면 떨어지는 저 푸른 생들보다 내가 더 힘들다고 말 할 수 있을까. 저렇게 치열하게 버둥거려 보았는가. 폭풍우와 우박은 맞을 수 있을까. 온전하게 하늘을 받아들여 보았는가. 한 생을 울었던 매미의 그늘이라도 되었는가.
가을이 되어 나뭇잎이 바람에 나부끼는 가을날, 다시 이 길을 걸을 때 떨어지는 누런 나뭇잎을 보게 될 것이다. 하늘하늘 춤을 추며 생生을 내리는 잎을 보게 될 것이다. 둥실둥실 춤을 추다 땅에 살포시 몸을 눕히는 잎, 그 잎을 보면 아마도 나는 눈물을 흘리지 않을까'

하늘하늘 춤을 추며 생生을 내리는 나뭇잎, 우리네 생生이 아무리 힘들어도 웃음을 잃지 말기를.

- 대쵸 볼 불근 골에 밤은 어이 뜻드르며,
벼 뷘 그르헤 게는 어이 나리는고.
술 닉쟈 체 쟝수 도라가니 아니 먹고 어이리.

대추가 발갛게 익은 골짜기에 밤이 어찌 익어 뚝뚝 떨어지며,
벼를 벤 그루에 게까지 어찌 나와 다니는가.
마침 햅쌀로 빚어 넣은 술이 익었는데 체 장수가 체를 팔고 돌아가니 새 체로 술을 걸러서 먹지 않고 어찌하리.

― 조선 세종 때 황희의 시조

대추와 밤이 익어 저절로 떨어지고, 벼 벤 그루에 게가 기어오르고, 담근 술마저 익었는데, 때마침 체 장수까지 지나가니 금상첨화錦上添花의 상황으로 어찌 술을 마시지 않겠느냐는 시상 전개의 자연스러움이 돋보이는 글이다. 이렇게 술이 소재로 나오면 고전 운문의 대부분이 풍류적, 낭만적 성격의 글로 보면 큰 무리가 아니다. 늦가

을 농촌 생활을 통해 농촌 생활의 풍요로움과 흥겨움을 주제화하고 있다.

 이제 곧 가을이다. 예전의 가을 즉 평온하고 풍요로운 계절, 술 한 잔의 여유를 즐길 수 있는 그런 가을이 다시 돌아올지에 대해서는 미지수다. 점점 시간이 지나면서 정말 나는 잘 살고 있는가. 우리는 잘 사는 것일까. 이런 회의적인 생각이 들 때가 많아진다. 우리 정말 잘 사는 것일까. 삶을 돌아보는 성찰의 시간이 필요할 때이다.

 사실 위 시조의 초장부터 중장, 종장을 음미吟味하면서 오늘 날과 비교, 대조해 보면 여실히 드러난다. 오늘 우리가 잘 살고 있는지, 제대로 살고 있는지 질문의 답이 보인다. 초장에 표현된 대추가 익어가는 골짜기가 오늘날 얼마나 있는가. 밤이 뚝뚝 떨어지는 골짜기가 있는가. 사실 이런 자연의 모습이 남아 있는 곳은 시간을 두고 계획을 짜서 찾아 나서야만 볼 수 있는 풍경이다. 그리고 벼를 베고 난 논에 게가 다니는 풍경은 이젠 찾아봐야 찾을 수 없는 것이 현실이다.

 물론 예전의 영농법을 찾아 자연친화적인 농사를 지으려는 분들이 일부 있지만 이제는 찾기 힘든 예전의 글이나 그림 속 풍경이 되었다. 그리고 집에서 전통적인 방법으로 담근 술, 체를 둘러메고 이 동네 저 동네를 다니며 체를 팔던 체 장사꾼은 사라진 지 오래다. 단순한 이런 풍경이 사라진 것을 말하고자 하는 것이 아니다. 이것을 대체한 지금 우리 삶의 풍경은 어떠한지를 생각해야 한다.

한마디로 우리 삶은 각박하다. 우리는 무엇엔가에 쫓기며 산다. 아침에 일어나 잠들 때까지 싸우며 살고 있다. 그런 우리는 아날로그가 아닌 디지털에 의존해 편리만을 추구하며 살고 있다. 이런 모습이 지금 우리네 삶의 풍경이다.

냉철한 반성과 살핌 즉, 되돌아보는 것이 필요하다. 그래서 신神은 우리에게 가혹할 정도로 힘들고 고통스러운 선물을 주셨다. 코로나19다. 마스크를 쓰고 묵언 수행을 하며, 고백의 시간을 갖고 마음과 손을 깨끗하게 씻고 또 씻자. 그리고 나만이 아니라 당신과 우리를 생각하자. 즉 운명공동체 의식을 다시 품자. 지금 우리는 의식의 재정립이 필요할 때이다. 그리고 다시 첫 단추부터 다시 꿰어야 한다.

●

가다가 가다가 드로라 에정지 가다가 드로라.
사스미 짐대예 올아서 해금奚琴을 혀거 드로라.
얄리얄리 얄라셩 얄라리 얄라.

살어리 살어리랏다,
청산靑山애 살어리랏다.
멀위랑 다래랑 먹고 청산靑山애 살어리랏다
얄리얄리 얄랑셩 얄라리 얄라.'

— 고려가요 〈청산별곡〉의 7연

고려가요는 고려속요라고도 하는데 속요라는 명칭은 속된 노래라는 의미가 부여되어 있어 고려가요로 칭하고자 한다. 이 노래의 7연 내용을 보면 '가다가 가다가 듣는다 외딴 부엌을 가다가 듣는다./ 사슴이 장대에 올라서 해금이라는 악기를 연주하는 것을 듣는다./ 얄리얄리 얄라셩 얄라리 얄라.'라는 짧은 내용이다.

즉, 기적 없이는 살 수 없다는 절박한 심정이 나타나 있다. 사슴이 장대에 올라가는 것 자체도 불가능하지만 장대에 올라가서 해금이라는 악기를 연주하는 것 역시 불가능한 상황이다. 이 내용 속의 의미를 생각해 보면 새로운 세계를 찾아 나선 화자가 눈앞에 기적 같은 일이 벌어지고 있는 것이다. 사슴이 장대 위에서 해금을 연주한다는 것은 상상할 수도 없는 기적이 아닐 수 없다. 화자의 내면을 고려한다면 기적과 같은 일이 일어나길 바라는 마음이 나타난 것으로 해석할 수 있을 것이다.

조금 더 깊이 있게 살펴보자. 그렇다면 화자의 처지는 어떤 현실일까. 사슴이 장대에 올라 해금을 연주하는 기적을 바라는 사람이란 현실에 대해 안분지족을 하는 사람은 아닐 것이다. 즉 무언가에 결핍되어 있는 상태, 간절하게 무언가를 바라는 상황으로 추정된다. 그런데 아이러니한 것은 후렴구가 아주 밝다는 것이다. 경쾌한 울림소리를 통해 밝게 표현되었다는 것은 또 다른 의미가 있다는 것이다. 오늘날의 대중가요 중에서 이별의 내용임에도 리듬이 빠르거나 경쾌한 멜로디인 경우가 있다. 아마도 유사한 기법으로 보면 될 것이다. 부정적인 상황을 유쾌한 후렴구와 결부시켜 주제의식을 더 강하게 전달하고자 하는 것이다.

고려 시대와 지금을 대등한 관점에서 비교한다는 것은 적절한 비교가 아닐 수도 있다. 그러나 고려 민民들의 삶을 가장 잘 보여준다는 대표적인 노래가 고려가요이고 그 대표성을 갖고 있는 노래 중 하나가 청산별곡이라는 점을 고려하여 비교해 본다면 지금의 우리 입장과 크게 다르지 않은 점이 있다. 바로 서민들의 삶 속에서 기적을 바란다는 점이다. '기적'을 바라는 것이 어찌 고려 시대뿐이겠는가. 지금도 기적을 바라는 사람들은 수도 없이 많다. 그리고 이런 기적을 바라는 부재의 상황과 상대되는 흡족한 삶을 영위하는 사람들도 많을 것이다. 과거나 지금이나 삶은 늘 상대적인 것이다. 즉 나보다 여유롭게 사는 사람들과의 비교에서 결핍을 확인하는 경우가 많다. 사실 모두가 불행하거나 모두가 행복하다면 비교 대상이 없기에 그 정도를 확인할 수 없다.

그런데 고전에서는 부정적 상황에서 문제의식을 찾고 그것으로 끝나지 않는다. 즉 긍정적 상황으로의 전환, 긍정의 지향에 방점이 있다는 것이다. 지금의 부정적 상황을 타개하기 위한 긍정의 에너지를 갖게 한다. 그것이 바로 얄리얄리 얄라셩 얄라리 얄라이다. 이 후렴구는 읽는 것 자체만으로도 기분이 좋아지고 유쾌해진다. 오늘 우리에게도 이런 후렴구가 더 절실하게 필요하지 않을까. 소리내서 읽어 보자.

기분 좋은 외침, 얄리얄리 얄라셩 얄라리 얄라!

●

　한 눈 멀고 한 다리 져는 두터비 셔리 마즌 파리 물고 두엄 우희 치다라 안자,

　건넌산 바라보니 백송골白松骨리 떠 잇거늘 가슴에 금즉하여 풀떡 뛰다가 그 아래 도로 잣바지거고나.

　맛쳐로 날낸 젤식만정 행혀 둔자鈍者런둘 어혈질 번하괘라.

　한 눈 멀고 한 다리 저는 두꺼비, 서리 맞은 파리 물고 두엄 위에 치달아 앉아,

　건넌 산을 바라보니 백송골이 떠 있거늘 가슴이 끔찍하여 풀떡 뛰다가 그 아래로 자빠졌구나.

　그리고 하는 말이 다행히 날랜 나였기 망정이지 행여 둔한 놈이런들 피멍들 뻔 했구나.

― 작자 미상의 사설시조

　주제는 양반들의 허장성세虛張聲勢에 대한 풍자로 볼 수 있다.

두꺼비, 백송골, 파리 등을 의인화하여 약육강식弱肉強食하는 인간 사회를 풍자한 이 노래의 시적 자아는 관찰자 시점을 취하고 있다. 당시 시대상과 견주어 본다면, 두꺼비는 양반, 즉 지방관리, 파리는 힘없고 나약한 평민 계층, 즉 민중이며 백송골은 중앙관리, 암행어사라는 도식관계를 이끌어 낼 수 있다.

특권층인 두꺼비가 힘없는 백성들을 괴롭히다가 강한 세력 앞에서 비굴해지는 세태를 익살로 풍자한 것이다. 따라서 이 노래는 우의적, 풍자적이며, 희화적戱畵的이라 할 수 있다. '맛쳐로 날낸 젤식만정 행혀 둔자鈍者런둘 어혈질 번하괘라.'는 자신의 신체적 불구, 즉 눈멀고 한 다리 저는 자신을 제대로 보지 못하는 두꺼비를 빌어, 자신의 분수를 모르는 것에 대한 비판으로 볼 수 있다.

우리 역사가 지금까지 태평성대를 유지하던 때가 얼마나 있었을까. 늘 고난의 연속이었다. 특히 올해는 그 어느 해보다 고통스럽다. 그런데 곰곰이 따져보면 이번에는 양상이 좀 다르다. 고통에 동참하고 감내하자고 국민들에게 호소하고 있는데 대다수의 국민들이 그것에 함께 한다. 그런데 기존과는 다르게 이것에 저항하는 세력으로 인해 국민이 더 고통스러워하고 되레 그 세력들에게 동조하지 않고 비판하고 있는 형국이다. 즉 힘없는 파리를 괴롭히는 두꺼비가 바뀌었다. 한 눈 멀고, 한 다리 저는, 자신을 제대로 보지 못하는 두꺼비, 자신의 분수를 모르고 신神을 모독하는 존재가 바뀐 것이다.

이토록 고통스러운데 왜 국민들이 고통에 동참하고 함께 할까. 이 시기를 빨리 벗어나고 싶어 하는 어쩔 수 없는 선택일 수도 있다. 그렇지만 과거와 달라진 점은 분명 있다. 정치의 시작은 삶의 문제를 머리에서 가슴으로 가는 것이고, 정치의 끝은 문제의 답을 발바닥에서 가슴으로 가게 하는 것이다. 달라진 것은 머리로만 하지 않고, 또 발바닥으로만 하지 않기 때문이다. 가슴으로 호소하고 공감(共感)을 이끌어 내기 때문이다.

정치의 시작과 끝은 가슴이다. 머리와 발바닥만 가지고 하는 것이 아니다. 다른 나라의 현재 상황은 말 그대로 아수라阿修羅다. 흑사병으로 중세사회가 무너지고 새로운 사회가 나타났다. 그 이후 전세계를 점령한 바이러스가 바로 코로나19이다. 그래서 전 세계가 전쟁 중이다.

그중에서 우리나라는 상대적으로 질서 있고 차분한 대응을 하고 있다. 그 바탕 속에는 낮은 소리로 말하지만 신뢰할 수 있고, 가식적인 악어의 눈물이 아닌 진정성 있는 눈물로 호소하고 있는 정부와 그리고 기꺼이 지금의 고통을 함께하고 인내해 가는 우리 국민들이 있기 때문일 것이다.

● 청산리靑山裏 벽계수碧溪水야 수이 감을 자랑마라.
일도창해一到滄海하면 도라오기 어려오니,
명월明月이 만공산滿空山하니 수여 간들 엇더리.

청산 속에 흐르는 시냇물아, 빨리 흘러간다고 자랑마라.
한 번 넓은 바다에 다다르면 다시 청산으로 돌아오기 어려우니
즉, 한번 늙거나 죽으면 다시 젊은 시절로 돌아올 수 없으니,
밝은 달이 산에 가득 차 있으니 쉬어간들 어떻겠는가.

— 조선 시대 기생 황진이의 시조

세월은 빠르고 인생은 덧없는 것이니, 인생을 즐겁게 살아가자고 기녀다운 호소력을 보여 주는 시조이다. 중의법으로 쓰인 '벽계수'는 흐르는 물과 왕족인 벽계수碧溪水를, '명월明月'은 달과 황진이를 동시에 의미한다. '청산'은 영원한 자연을, '벽계수'는 덧없는 인생을, '수이 감'은 순간적인 인생의 삶을 비유적으로 표현하였다고 할 수 있

다. 그래서 이 시조의 주제는 인생의 덧없음과 즐겁게 사는 삶에 대한 권유로 볼 수 있다.

  나이 들수록 달라지는 것이 있다. 그 하나가 결혼식보다는 장례식을 더 자주 찾게 된다는 것이다. 장례식장을 가보면 하는 얘기가 대부분은 후회이다. 왜 살아 있을 때 하지 못했을까. 왜 살아있을 때 대화하고 밥 먹고 함께 지내지 못했을까. 이런 후일담 얘기가 많다. 그러면서 망자를 생각하다가 내 삶으로 자연스럽게 생각이 옮겨지면서 장례식장을 등 돌리고 오는 경우가 많다. 흘러간 강은, 바다에 도착한 강은 다시 강이 될 수 없는 법이다.

  얼마 전 늦은 밤에 장례식장을 다녀왔다가 꿈속에서 부모님을 만난 적이 있다. 그리고 아침에 일어나 삶에 대한 나와의 약속을 시詩로 표현한 것이 있다. 그 내용은 다음과 같다.

    어느 날 새벽
    첫 눈을 뜨고
    일어난 잠자리를
    뒤돌아 봅니다

    다시 일어났구나
    잠에서 깨지 않았다면

숨이 멈췄다면
저 자리는 마지막 잠자리

돌아가신 아버지 그리고 어머니
잠자리를 바라보며
꿈처럼 생생한 마지막 모습
곱게 누운 당신과 당신이 보입니다
다시 일어나지 못했던 침대

오늘 내가 일어난 잠자리를
다시 봅니다 물끄러미
그리고 하루를 시작합니다
매일을 생일生日처럼 살자구나

—〈첫 눈을 뜨며〉

●

눈 마자 휘여진 대를 뉘라셔 굽다턴고.
구블 절節이면 눈 속에 프를소냐.
아마도 세한고절歲寒孤節은 너뿐인가 하노라.

눈을 맞아 휘어진 대나무를 누가 굽었다고 하던가.
굽힐 절개라면 눈 속에 어찌 푸르겠는가.
아마도 한겨울의 추위를 이겨 내는 절개를 가진 것은 너, 대나무뿐일 것이다.

― 원천석의 시조

이 노래는 은둔하면서 절개를 지키려는 고려 유신들의 높은 우국충절을 노래한 작품이다. 언제나 곧고 눈 속에서도 푸른 대나무를 통하여 어떠한 억압에도 굴하지 않겠다는 작자의 굳은 의지를 내 보이고 있다. 회고적, 절의적 성격의 이런 노래를 지절가라고도 한다. 그래서 이 시조의 주제는 고려 왕조에 대한 충절의 다짐으로 볼 수 있다.

대나무는 어떻게 세찬 추위에도 굴하지 않고 절개를 지킬 수 있을까. 최근 이런 글을 읽은 적이 있다. 중국 극동 지방에 가면 모소 대나무라는 것이 있다. 이 대나무는 씨앗이 뿌려진 후 4년 동안 다른 대나무에 비해 자라는 속도가 느려 고작 3cm밖에 자라지 않는다고 한다. 이 대나무는 4년 동안 시간이 멈춰버린 것처럼 아무런 미동도 하지 않다가 5년이 되던 해부터 매일 30cm씩 성장하며, 6주차가 되면 그 자리는 순식간에 빽빽하고 울창한 대나무 숲을 이루게 된다. 모소 대나무는 4년 동안 미동도 없다가 6주 사이에 놀라운 성장을 한 것처럼 보이지만, 사실 지난 4년이 땅속에서 깊고 단단하게 뿌리를 내려 어느 순간 엄청난 성장을 하는 것이다.

이런 대나무와 얽힌 이야기를 읽으면서 원천석의 시조에 나오는 대나무가 중국 모소 대나무는 아니겠지만 모든 살아있는 생명은 이런 뿌리를 내리는 시기가 있을 것이라는 생각을 하게 된다. 눈에 띄는 성과의 열매는 없지만, 무엇이든 도약을 위해 내실을 다지는 시기가 있는 것이다. 그러니 삶을 살면서 무언가 열심히 노력하는데 성과가 없을 때 쉽게 좌절하거나 조급해하지 말자. 사실 살아서 움직이고 무언가를 위해 노력하고 있다면 성장하지 않는 것이 아니다.

외연으로만 보이지 않을 뿐 지금은 아래로 뿌리를 더 깊숙이 내리고 있는 것이다. 노먼 프랜시스가 남긴 말이 있다. 모든 꽃이 봄의

첫날 한꺼번에 피지는 않는다. 즉 시간이 필요한 것이다. 누구나 더 성장하기 위한 통과의례가 있다는 말이다. 그리고 삶의 과정에서 고난이 나에게 왔을 때 이를 극복할 힘, 그것은 이런 4년 동안의 기간이 있기에 눈 속에서도 푸르고 시련 속에서도 극복할 힘을 갖게 되는 것이다.

우리는 지금 그 어느 때보다도 힘든 시기를 보내고 있다. 성장이 보이지 않는다. 아니 마이너스 성장이다. 그러나 사실 우리는 각 영역에서 지금을 극복하기 위해 부단하게 노력하고 있다. 그러니 지금의 상황을 더 성숙하기 위한 성장통이라고 생각하면 어떨까.

오늘의 이 시련이, 우리 공동체가 가까운 미래에 매일같이 30cm씩 쑥쑥 자라기 위한 내실다지기 기간으로 생각한다면 오늘이 조금은 위로가 되지 않을까.

●

어마님 며느라기 낫바 벽 바닥을 구르지 마오.

빗에 바든 며느린가 갑세 쳐 온 며느린가. 밤나모 셕은 등걸에 휘초리 나니갓치 앙살피신 싀아바님, 볏 뵌 쇠똥갓치 되죵고신 싀어마님, 삼년三年 겨론 망태에 새 송곳부리갓치 뾰족하신 싀누의님, 당唐피 가론 밧테 돌피 나니갓치 새노란 욋곳 갓튼 피똥 누는 아들 하나 두고,

건 밧테 메곳 갓튼 며느리를 어듸를 낫바 하시는고.

시어머님 며느리가 밉다고 부엌 바닥을 구르지 마오.

빚 대신으로 받은 며느리인가, 무슨 물건 값으로 데려온 며느리인가, 밤나무 썩은 등걸에 난 회초리같이 매서운 시아버님, 볕을 쬔 쇠똥같이 말라빠지신 시어머님, 삼년 간이나 걸려서 엮은 망태기에 새 송곳 부리같이 뾰족하신 시누님, 좋은 곡식을 심은 밭에 돌피 즉 품질이 나쁜 곡식이 난 것 같이 샛노란 오이꽃 같은 피똥이나 누는 아들 하나 두고,

기름진 밭에 메꽃 같은 며느리를 어디를 나빠하시는고.

― 작자 미상의 사설시조

  우리 선인들의 맵고 고된 시집살이의 어려움이 실감나는 노래이다. 며느리의 관점에서 바라보는 시집 식구들의 성품이 풍자적으로 그려져 있는데, 풍자가 사실적이어서 누가 보아도 공감을 한다. 이러한 시집살이를 주제로 한 내용은 내방 가사나 민요에서도 많이 나타난다. 대가족 제도에서 시집살이의 어려움을 사실적으로 노래한 이런 작품에서 사설시조가 지니는 서민 문학으로서의 가치를 확인할 수 있다. 이런 아녀자의 원한을 노래할 때 이런 노래를 원부가라고 하며 이 노래의 주제는 며느리의 시어머니에 대한 원망 혹은 왜곡된 가정에 대한 비판으로 볼 수 있다.

  이제 곧 중추가절, 중추절이라고도 하는 한가위, 추석이다. 근대화와 산업화의 과정을 거치면서 사회 구조뿐만 아니라 가정의 구조와 풍경도 과거의 사람들이 상상하기 힘들 정도로 급변했다. 다만 우리는 이런 고전 작품이나 문헌을 통해서 혹은 가끔 TV 드라마나 영화에서 재현되는 모습으로 과거의 생활을 확인할 뿐이다. 얼마 전까지만 해도 추석이라고 하면 차례를 핑계로 떨어진 가족과 이웃을 만나게 되고, 또 오랜만에 고향을 방문할 설렘의 큰 명절이었다. 그런데 이런 설렘만 있는 것이 아니라 고부간의 갈등, 며느리들끼리의 갈등이 표출되어 연휴가 끝나면 부부간의 갈등으로 비화되면서 아이러니하게도 결별로 이어지는 시기이기도 하다. 아마 요즘도 이런 일은 흔하게 볼 수 있는 일일 것이다.

코로나19와 함께 맞이하는 첫 추석이다. '불효자는 옵니다'라는 현수막이 고향마을 초입에 붙었다고 한다. 가까운 사람과는 더 멀리하게 하는 코로나19로 이동은 최소화하고 방역 수칙을 지키며 각자의 가정에서 보내기를 권장하고 있다. 코로나19는 철저하게 우리를 고립하고 단절시키고 있다. 그런데 역설적이게도 이런 코로나19로 인해 우리가 당연하게 누리고 살았던 일상의 하나하나가 얼마나 소중한지를 생각하게 한다. 비록 물리적인 단절은 되었지만 한가위 보름달을 보며 애틋한 마음을 달래보는 것은 어떨까.

어쩔 수 없는 이 현실을 부정이 아니라 긍정적으로 생각하면 코로나19 때문에 이번 추석에는 고부간의 갈등, 며느리들끼리의 갈등은 줄어들지 않을까. 지금은 없는 웃음도 찾아서 웃고 최대한 긍정적으로 생각하고 생활해야 버틸 수 있는 시대다. 이번 한가위 연휴는 가정에서 화내지 말고 갈등 없이 최대한 웃으며 보내자. 소문만복래笑門萬福來처럼!

● 어버이 사라신 제 셤길 일란 다하여라.
다나간 후後면 애달다 엇디하리.
평생애 고텨 못할 이리 이뿐인가 하노라.

이 시조는 송강 정철의 훈민가로 선조 12년 즉 1580년의 글이다. 그 중에서 훈민가의 네 번째 수로

어버이 살아 계실 동안에 섬기는 일일랑 다하여라.
돌아가신 뒷면 아무리 애태우고 뉘우친들 어찌하리.
평생에 다시 할 수 없는 일은 부모 섬기는 일뿐인가 하노라.

라는 내용의 노래이다.

이 작품은 정철이 45세 때, 강원도 관찰사로 재직할 당시에 백성들을 교유, 계몽하기 위해 지은 16수의 연시조이다. '훈민가'는 백성을 교화하기 위한 노래로, 순수한 우리말로 지어서 민중의 이해와

접근이 용이하게 하였으며, 말을 청유형이나 명령형으로 하여 민중을 설득하는 강한 효과를 이끌어 내고 있다. 또한 젊은이와 늙은이의 대조를 통하여 주제를 선명하게 하고 있다.

　이번 추석에 몇 년을 찾아뵙지 못했던 부모님을 뵈고 왔다. 한동안 찾아뵙지 못해서인지 평상시 가슴에 무언가 묵직한 것이 얹혀 있는 것 같았다. 그래서 10살에 돌아가신 엄마, 반생을 장애를 갖고 홀로 살다 7년 전 돌아가신 아버지, 부모님 성묘를 3년 만에 하고 왔다.

　사실 어린 나이에 엄마가 돌아가셨을 때 나는 형과 삼일 내내 울기만 했었다. 그런데 내 나이 사십이 넘어 여든의 아버지가 돌아가셨을 때, 눈물도 없이 마냥 슬펐다. 그리고 답답했다. 그리고 인생 처음으로 가슴에 묵직한 돌덩이가 들어앉은 느낌이었다.

　엄마가 돌아가실 땐 어려서 눈물만 흘렸지만, 아버지의 죽음 앞에 어른이 된 나는 무엇을 하고 있는가. 돌아가시고 하얗게 변한 아버지의 손과 얼굴을 감싸 쥐고 눈물 없이 슬퍼만 하고 있는 나. 삼십년 내내 왜 아버지 당신의 삶 속에서 나를 빼내려고만 했었을까.

　나이를 거꾸로 먹으며 살아온 나 자신이 너무도 부끄러웠다. 결국 그렇게 10살에 엄마, 삼십 여년이 지나 아버지, 그렇게 두 분이 하늘나라로 가셨다. 송강의 노래는 내 노래다. 어버이 살아 계실 동안에 섬기는 일일랑 다하여라. 돌아가신 뒤면 아무리 애태우고 뉘

우친들 어찌하리. 평생에 다시 할 수 없는 일은 부모 섬기는 일뿐인가 하노라.

　풍수지탄風樹之嘆이란 말은 나를 두고 한 말 같다. 성묘를 하고 집으로 오면서 눈물을 흘리며 다짐을 한다. 때는 늦었지만 이제부터라도 부끄럽지 않은 자식이 되겠노라고. 조금씩이라도 당신께 하지 못한 사랑을 이웃들에게 나누겠노라고 말이다. 돌아오는 길 하늘이 참 맑았다.

• 이화우梨花雨 흩뿌릴 제 울며 잡고 이별離別한 님,
추풍낙엽秋風落葉에 저도 날 생각는가.
천리千里에 외로운 꿈만 오락가락 하노매.

배꽃이 흩날리던 때에 손잡고 울며 헤어진 님,
가을 바람에 낙엽지는 것을 보며 나를 생각하여 주실까. 천리 길 머나먼 곳에 외로운 꿈만 오락가락 하는구나.

— 계낭의 시조

노래와 거문고와 한시에 능했던 전북 부안의 명기 계낭이 한 번 떠난 후 소식 없는 정든 임, 유희경을 그리워하여 읊은 노래이다. 배꽃이 비처럼 흩날릴 때의 이별 정황, 낙엽 지는 가을날에 임을 그리워하는 마음, 멀리 떨어져 있는 임과의 재회에 대한 염원 등을 여성의 섬세한 감각으로 그려내고 있다. 이화우, 즉 봄비과 추풍 낙엽, 가을낙엽을 대비시켜 계절의 변화와 시간의 흐름을 나타내고 임을 기다리는 안타까운 심정을 고조시키고 있다.

　애상적이며 여성적적인 연정가이자 이별가이다. 그래서 이 글의 주제는 임에 대한 그리움, 임을 그리는 마음으로 읽혀진다. 더운 공기가 서서히 식혀지고 아침과 저녁 바람이 점점 선선해 지며 마음 한쪽이 허전해지는 계절이 온다. 바로 추풍낙엽, 바람에 나뭇잎이 떨어지는 가을이다. 그러면 옛 사랑이 생각나고 과거가 추억이 더 떠오르게 된다. 봄과는 다른 가을의 정취는 떨어지는 낙엽을 바라보며 추억을 떠올리게 하는 것이다.

　사랑하는 사람과의 거리는 무려 천리千里이다. 고전에서 나오는 천리, 만리는 실재하는 거리가 아니다. 즉 물리적 거리가 아닌 심리적인 거리인 것이다. 봄에는 느끼지 못한 가을에 더 느낄 수 있는 이별의 거리인 것이다. 그만큼 이별의 거리가 멀고 외로움의 깊이가 깊다는 것이다. 요즘 누군가가 자꾸 그립다면 당신은 가을을 타기 시작한 것이다.

　그리움의 대상이 꼭 남녀만은 아닐 것이다. 과거 은사님이 그리울 수도 있고, 돌아가신 부모님이 그리울 수도 있고, 멀리 떨어진 벗이 그리울 수도 있고, 다른 곳으로 이사를 간 이웃이나 친척이 그리울 수도 있다. 아니 봄에 피었던 벚꽃과 개나리가 그리울 수도 있다. 그리움의 대상은 얼마나 많을까. 그것이 우리네 삶인 것이다. 아마도 우리는 이 생을 마무리할 때까지 그리워 할 것이다. 그래서 인간은 그리움의 동물이다. 그리움이 많다는 것은 그만큼 인간적이다는 것이다. 인간적이지 않는 사람이 누구를 그리워하겠는가.

　점점 가을이 익어간다. 천고마비天高馬肥의 계절, 가을! 열심히 그리워하자. 너무 그립다면 내 마음을 시나 편지, 글로 표현해 보는 것은 어떤가. 사람의 냄새가 점점 사라지는 디지털의 시대, 책을 읽기도 하고 글을 써보기도 하자. 사람다운 냄새, 가슴 속 그리움을 손끝 펜으로 옮겨 사람다운 냄새가 나는 시 한편, 글 한편을 써서 그리운 이에게 보낸다면 당신이 계낭이고 누군가는 유희경이 되는 것이다.

군君은 어비여,
신臣은 다자샬 어지여,
민民은 얼혼 아해고 하샬디
민民이 다잘 알고다.
구믈다히 살손 물생物生
이흘 머기 다사라.
이 따흘 바리곡 어디 갈뎌 할디
나라악 디니디 알고다.
아으, 군君다이 신臣다이 민民다이 하날든
나라악 태평太平하니잇다.

이 작품은 충담사의 〈안민가〉라는 10구체 향가이다. 이를 현대어로 정리해 보면,

임금은 아버지요,
신하는 사랑하실 어머니요,

백성은 어린 아이라고 한다면
　　백성이 사랑을 알 것입니다.
　　구물거리며 사는 백성
　　이들을 잘 먹여 다스리어
　　이 땅을 버리고 어디로 갈 것인가 한다면
　　나라 안이 유지될 줄 알 것입니다.
　　아아, 임금은 임금답게, 신하는 신하답게, 백성은 백성답게 한다면
　　나라 안이 태평할 것입니다.

－충담사가 지은 작품
유교적 이념을 노래한 유일한 향가

　유교적인 성격의 노래로 군신민君臣民의 관계를 가족에 비유하여 결국 치국안민治國安民을 노래하고 있다. 여기서 치국안민이란 무엇일까. 치국안민은 나라를 잘 다스리고 백성百姓을 편안便安하게 하는 것을 의미한다. 물론 이 유교적 가치가 오늘날의 대한민국에 그대로 적용되는 것은 아닐 것이다. 그러나 봉건국가는 근대국가로, 백성은 시민으로 전환하여 생각하더라도 예나 지금이나 편안한 삶을, 태평한 나라를 추구하는 것은 크게 다르지 않을 것이다.

　그런데 지금은 어떨까. 잠잠하던 코로나의 극성으로 방역 단계가 격상되고 순항이 될 것 같았던 검찰개혁 또한 난항을 겪고 있다. 그

래서 나라 안이 시끌시끌하다. 개혁을 해야 할 것은 빨리 해야 한다. 지지부진한 상황에서 고통을 겪는 것은 국민들이다. 그러다보니 여론이 그다지 좋지 않다. 이 위기의 상황에서 통일신라시대에 유행했던 '임금은 임금답게, 신하는 신하답게, 백성은 백성답게'라는 시구를 새삼 되새기게 된다. 그렇다면 우리는 이 난국難局에 무엇을 해야 하나.

다시 코로나 방역단계는 2.5단계가 되었다. 지금 당장 임금과 신하와 백성이 모두 함께 해야 할 것은 바로 국난을 극복하는 것이다. 다시 멈추고, 거리두기를 해야 한다. 다시 마스크를 쓰고 손 씻기를 해야 한다. 우리나라를 위해 모두가 실천해야 한다. 이런 의미에서 샘터교회 안중덕 목사님이 쓰신 글을 공유한다. 이 글을 함께 읽고 더 많이 공유해 주길 바란다. 코로나 시대, 지금 우리가 할 수 있는 유일한 방법은 바로 이것이다.

마스크를 착용하라는 것은 '잠잠하라'는 뜻입니다. 막말과 거짓말을 하지 말며 불필요한 말을 줄이고 타인의 말에 귀를 기울이라는 말입니다. 입을 다물면 사랑스러운 것들이 시선에 머물고 아름다운 소리와 세미한 속삭임이 들려올 것입니다.

손을 자주 씻으라는 것은 '마음을 깨끗이 닦으라'는 뜻입니다. 악한 행실과 죄에서 돌이켜 회개하고 성결하라는 말입니다. 안과 밖이 깨끗하면 자신도 살고 남도 살릴 수 있다는 말입니다. 마음의 거울을 닦으면 자신이 보이고, 마음의 창을 닦으면 이웃도 보일 것입니다.

사람과 거리를 두라는 것은 '자연을 가까이 하라'는 뜻입니다. 사람끼리 모여서 살면서 서로 다투고 상처를 주지 말라는 말입니다. 공기와 물과 자연의 생태계를 돌보며 조화롭게 살라는 말입니다. 자연을 가까이하면 마음이 넉넉하여 모든 것들을 사랑하게 될 것입니다.

대면 예배를 하지 말라는 것은 '언제 어디서나 하나님을 바라보라'는 뜻입니다. 위안을 얻거나 사람에게 보이려고 예배당에 가지 말고 천지에 계신 하나님을 예배하라는 말입니다. 어디서나 고요하게 하나님을 대면하면 그의 나라와 그의 뜻에 가까이 이르게 될 것입니다.

집합을 하지 말라는 것은 '소외된 이들과 함께 하라'는 뜻입니다. 모여서 선동하거나 힘자랑하지 말고 사람이 그리운 이들의 벗이 되라는 말입니다. 우는 이들과 함께 울고 무거운 짐을 홀로 진 이들과 나누어진다면 세상은 사랑으로 포근해질 것입니다.

●
십 년을 가온 칼이 갑리에 우노매라.
관산關山을 바라보며 때때로 만져 보니
장부의 위국공훈爲國功勳을 어내 때에 드리올고.

  십 년이나 갈아온 칼이 갑, 즉 칼집 속에서 우는구나.
  관문關門을 바라보며 즉 그 갑 속에 든 칼을 때때로 만져 보니
  대장부의 나라를 위한 큰 공을 어느 때에 세워 임금께 그 영광
을 드릴까.

— 이순신의 시조 호기가豪氣歌

 내용을 보면 무인武人으로서 나라를 위해 공훈功勳을 세울 때를 기다리는, 기백에 찬 충정表情을 읊고 있다. 진본 청구영언에는 이 노래에 '장회壯懷'라는 주제를 달고 있다. 장수는 오직 나라를 위한 충정으로 10년을 하루같이 나라를 지켜온 것이다. 그러기에, 작가는 백의 종군白衣從軍이라는 수모를 당하면서까지 나라를 지키지 않았

던가. 갑 속에 든 칼을 때때로 만져 보면서 나라를 위해 큰 공을 세워 임금께 영광을 드릴 날을 기다리는 것이다. 이러한 장수의 기백이 잘 나타나 있다. 그래서 이 글의 주제는 '우국충정憂國衷情과 장부의 호기'라고 할 수 있다.

1년의 약속을 지켰다. 단 한 번도 시간을 어기지 않고 과거로 거슬러 올라가 진정성 있는 고전을 함께 감상하며 오늘을 살고 있는 지금의 상황과 비교, 대조하고 때로는 분석하면서 나름 길을 찾으려고 했다. 내용의 충실도는 보는 관점에 따라 평가가 다를 수 있을 것이다. 다만 '고전 속에 답이 있다' 오강현 시의원과 함께 고전 읽기를 올 1월부터 시작하여 매주 1회씩 연재하기로 했고 그 약속을 지켜, 이제 그 마지막 최종회인 53회가 되었다. 사실 나 자신과의 약속이었다. 또한 독자 즉, 시민들과 약속이기도 했다. 크고 작은 유혹들과 어려움이 있었지만 그것과 싸우며 매주 약속을 지키려고 했다. 끝내, 지켰다. 그런데 혼자 약속을 지킨 것은 아니다. 처음 몇 회 연재를 하면서 많은 말이 들려 왔다. '몇 회 하다가 말겠지', '시의원이 무슨 고전이야', '지 까짓게 아는 게 얼마나 있다고', 주로 의심과 비아냥의 소리였다. 1회, 2회, 3회, 10회, 20회, 30회를 진행되면서 시민들의 관심과 응원이 늘어나고 결국 그 격려와 응원으로 마지막까지 글을 쓸 수 있었다.

그리고 무엇보다도 '정치인은 약속을 쉽게 하고 쉽게 지키지 않는

다.'는 관용적 표현을 깨고 싶었다. '정치인도 약속을 지킨다.'는 것을 시민들께 확인시켜 주고 신뢰감을 주고 싶었다. 십년은 아니지만, 1년 동안 글을 쓰면서 숙고하며 칼을 갈았다. 그래도 하루아침이 아닌 매주 1회씩 또박또박 글을 써서 얇은 책 한 권이 될 만한 분량을 쓴 경험을 통해 이젠 무엇이든 할 수 있다는 자신감을 얻는다. 나에게는 무엇보다 의미 있는 결실이다. 또한 이런 결실을 정치인의 한 사람으로 오늘의 여러 난제를 시민과 함께 고민하고, 나누며 대안들을 찾아가면서, 나라를 위해 십년 동안 칼을 갈고 위국공훈(爲國功勳)을 생각한 충무공 이순신의 10년 중 1년을 실천했다는 자족감에 뿌듯하다.

  지금은 여러 가지로 어려운 상황이다. 이런 상황에 내 글을 통해 조금이라도 위로를 받고, 현실의 여러 문제에 대해 고민하고 조금 더 답을 찾는 계기가 되었다면, 발상전환을 하는 자극제였다면 그 자체로 만족을 한다. 사실 할 말은 아직 많다. 많은 아쉬움이 있지만 그럼에도 불구하고 이제 멈추려 한다. 지금의 정치가 부족한 '시작과 끝을 정확하게 하는 것'을 실천하려 한다. 자신의 역할을 다 했다, 아니다를 떠나서 특정한 대상과 약속을 지키는 것 자체가 중요할 때가 있다. 지금은 그렇지 않은 사람들이 너무 많기 때문에 약속 시간인 53회를 끝으로 떠난다. 그리고 빈자리를 나 아닌 다른 이에게 물려준다. 빈자리는 또 누군가가 채울 것이기에.

• 지당池塘에 비 뿌리고 양류楊柳에 내 끼인 제
  사공은 어디 가고 빈 배만 매였는고
  석양에 짝 잃은 갈매기는 오락가락 하더라.

연못에 비가 내리고 버드나무에 안개가 자욱한데
뱃사공은 없고 빈 배만 있는가
해질 무렵 외로운 갈매기는 이리저리 날아 다닌다.

— 조헌의 시조

 이 시조를 지은 중봉 조헌은 과연 무엇을 말하고 싶었을까? 학문의 실천가였던 중봉은 조선 당시의 불안한 국내·외 정세 속에서 안일한 조정의 태도를 바라보며 조선의 안위를 걱정하는 심정을 이 시에 담고자 했던 것은 아닐까 한다. 배경에는 안개가 나온다. 즉 이는 내일을 기약할 수 없는 어두운 나라의 운명을 말한다면 비에 젖은 버드나무에서는 부정적인 현실을 살고 있는 백성들의 고통, 노 저어

가야하는 기능을 잃은 배와 짝을 잃고 외로이 나는 갈매기는 외로운 중봉 자신과 혹은 현실을 인식하지 못하고 태평하기만 한 조선의 모습을 상징적으로 보여주는 것은 아닐까 한다.

이 시는 자세한 배경과 창작 시기가 기록에 남아 있지 않다. 그래서 여러 가지로 해석이 되고 있는데 그 중에서 고향인 김포의 한강변에 있는 대감 바위라고도 추정하는 곳에서 평화로운 자연의 풍경을 읊은 서정시로 볼 수도 있다. 그러나 중봉 조헌은 당대의 성리학자인 율곡 이이나 퇴계 이황과는 다르게 실천적 성리학자라는 면에서 단순히 외경의 자연적 대상을 읊었다는 해석보다는 전자에서 설명한 것처럼 시대적인 상황을 빗대어 표현했을 것이라는 것이 보편적인 해석이다.

역사적으로 어느 시대, 어느 백성, 어느 국민이 시민이 평온한 삶을 살았겠는가? 우리가 생각하는 태평성대는 자의적이거나 상대적인 평가일 것이다. 어느 시대를 살든 평온한 삶을 살다가 생을 마감한 백성, 국민이 얼마나 될까? 따라서 학문 연구가 필연적으로 현실을 외면한다는 것은 그리 쉽지 않을 것이다. 학문을 정치와 분리한다는 것 또한 그리 쉽지 않을 것이다. 조선 시대도 그렇지만 오늘을 살아가는 현대도 실천적 사상가가 절실하다.

필자는 20여년 학생들에게 국어와 논술을 가르친 강사이자 선생이었다. 이제는 인재 양성에서 현실 정치로 뛰어들어 지역사회를 바꾸려 한다. 점점 강의실 안에서만 있기에는 현실은 엄혹하고 어두웠다. 2017년 탄핵의 열풍은 강의실이 아닌 광장으로 나가야 한다는 시대적인 당위가 너무 컸다. 또한 내가 거주하고, 내 가족이 생활해야 할, 내 후손이 살아가야 할 지자체의 문제 또한 매우 심각했다. 따라서 이를 현실 정치에 참여하여 함께 힘을 모으고 함께 해결해야 한다는 실천성이 필요했다. 중봉을 범접할 수는 없지만 필자의 밑 마음에도 중봉처럼 실천적 사상가의 기질이 어느 정도 있는 것은 아닌가 하는 생각이 들 때가 있는데 바로 지금이 그런 때는 아닌가 한다.

치열하게 투쟁하고, 논쟁과 싸움의 시가 아닌 자연을 자연의 대상으로만 볼 수 있다면 또 그런 세상이라면 얼마나 좋을까.

있는 그대로만 보아도 되는 세상,
정직한 세상, 투명한 세상이 되었으면 하는 마음으로
오늘 저녁 중봉의 시조를 읽고 싶다.

오강현의 고전 산책

고전 속에 길이 있다

인쇄 2025년 1월 20일
발행 2025년 1월 24일

지은이 오강현
발행인 서정환
펴낸곳 수필과비평사
주소   03132 서울특별시 종로구 삼일대로32길 36
           (익선동, 운현신화타워빌딩 305호)
전화   (02) 3675-3885, (063) 275-4000, **팩스** (063) 274-3131
이메일 sina321@hanmail.net / essay321@hanmail.net
출판등록 제300-2013-133호
제작·인쇄 신아출판사

저작권자 ⓒ 2025, 오강현
이 책의 저작권은 저자에게 있습니다. 서면에 의한 저자의 허락없이 내용의 일부를
인용하거나 발췌하는 것을 금합니다.
COPYRIGHT ⓒ 2025, by O Gang Hyeon
All right reserved including the rights of reproduction in whole or un part un any form.
저자와 협의, 인지는 생략합니다.
잘못된 책은 바꿔 드립니다.

ISBN 979-11-5933-575-4 03810
값 18,000원